互助型老年宜居城镇规划研究

李　慧　主编

中国建筑工业出版社

图书在版编目（CIP）数据

互助型老年宜居城镇规划研究 / 李慧主编．—北京：中国建筑工业出版社，2017.5
ISBN 978-7-112-20772-5

Ⅰ．①互… Ⅱ．①李… Ⅲ．①老年人—城镇—居住环境—城市规划—研究 Ⅳ．①D669.6 ②TU984.1

中国版本图书馆 CIP 数据核字（2017）第 095234 号

本书在大量国内、外养老经验综合分析的基础上，结合我国养老研究现状，选取了适合中国未来深中度老龄化社会发展的"互助养老"模式，结合大城市、特大城市周边适宜养老主题功能转型的小城镇进行互助型老年宜居城镇的规划研究，创新性提出了适于传统城镇向互助型老年宜居城镇转型的规划理论，内容涵盖：互助型老年宜居城镇适宜的规模选址要求、养老服务体系构建、互助空间规划布局；互助型居住单元构建：产业体系构建及投资运营模式等规划内容。本书资料丰富，涉及养老政策、标准、规划、模式等内容，且思路新颖，能一定程度开拓读者思路，拓展认识上的广度和深度。图文详实，重视理论性和系统性。本书旨在给政府部门、养老事业相关研究人员，提供全新的战略性思路，给城市规划及建筑学专业设计工作人员、养老房地产策划人员等提供系统的研究成果，易于快速掌握互助型老年宜居城镇建设的思路和重点。

责任编辑：李东禧　唐　旭
责任校对：王　烨　李欣慰

互助型老年宜居城镇规划研究
李　慧　主编
*
中国建筑工业出版社出版、发行（北京海淀三里河路9号）
各地新华书店、建筑书店经销
北京京点图文设计有限公司制版
北京方嘉彩色印刷有限责任公司印刷
*
开本：787×1092毫米　1/16　印张：8¾　字数：156千字
2017 年 6 月第一版　2017 年 6 月第一次印刷
定价：88.00元
ISBN 978-7-112-20772-5
(30424)

《互助型老年宜居城镇规划研究》编写委员会

主　编：李　慧

副主编：赵仲毅　温笑峰

编　委：郭宪美　付兴利　吴雪涛

闫胜强　马　玫　史衍平　李　闻　崔大磊

前　言

我国人口老龄化问题日益严峻，不仅关乎我国经济、社会、民生能否可持续发展，更是国家安全战略层面的重要问题之一。随着中国人口老龄化进一步加速发展，高龄化问题日渐突出而劳动力人口将严重短缺。2030年到2050年，我国人口总抚养比和老年人口抚养比将保持在60%～70%和40%～50%，达到人口老龄化最严峻时期，“421”家庭养老负担沉重。此外，养老设施的建设存在诸多问题，严重滞后于经济社会发展及老年群体的养老服务需求。

近年来，随着养老需求和观念的转变，“互助养老”逐渐兴起，成为一种全新的养老模式。“互助养老”是对“居家—社区—机构”现行社会养老服务体系的有效补充，将解放一定的劳动力，缓解老年抚养比快速上升和劳动力短缺的问题，是中国未来养老发展的必然选择。

“互助养老”已在各地开始小范围的实践，然而如何基于“互助养老”模式，完善我国养老服务体系构建和城镇各空间层面互助性研究，目前还存在较大的空缺。因此，2015年7月，中国建筑技术集团规划建筑所向中国建筑科学研究院提出了课题立项申请，并于同年8月份正式立项。互助型老年宜居城镇规划研究将对积极应对我国人口老龄化问题、推动城镇自身可持续发展具有重要意义。

依托中国建筑科学研究院良好的科研背景及中国建筑技术集团有限公司对大量小城镇规划研究基础，长期以来，我们进行了多次养老实地考察、多项课题研究及多个养老规划设计。包括对中国、美国、德国、日本等国家的多次养老考察，并和国内、外专家学者进行多次学术交流。进行的课题研究有中国投资协会《老年宜居城镇投资与发展研究》课题和住房和城乡建设部的《以“城郊一体化”养老服务体系为引导的小城镇规划发展研究》课题。并开展了多个养老规划项目的设计方案，其中包括穆家峪老年宜居城镇概念规划、惠安县华光健康养老产业园概念规划、北京小罗山植物康养基地修建性详细规划等。

本书在中国建筑科学研究院课题《“城郊一体化”形势下互助型老年宜居城镇规划研究》研究成果的基础上，进一步整理、丰富和完善。本书内容分为主要研究内容和附录两部分。其中，主要研究内容分为六个章节，包括互助型老年宜居城镇的研究背景、意义，国内、外养老研究现状，相关概念及规模选址要求，规划研究，养老规划案例分析，结论与展望等内容。

第一章“互助型老年宜居城镇研究背景及意义”，介绍了互助型老年宜居城镇规划的新型城镇化战略机遇和我国人口老龄化问题，使读者初步了解我国大城市周边城乡发展及人口老龄化现状。

第二章“国内、外养老研究现状”，从养老方式、养老政策、养老规划、养老标准四个方面对国、内外养老研究现状进行梳理，进而借鉴发达国家相关养老经验。

第三章“互助型老年宜居城镇相关概念及规模、选址要求”，在国内外养老研究的基础上，结合中国城镇自身发展特点，提出互助型老年宜居城镇、互助型老年社区、互助型居住单元三大概念及适宜的规模、选址要求。

第四章“互助型老年宜居城镇规划研究”，互助型老年宜居城镇规划研究系统阐述了互助型老年宜居城镇的产业体系、交通体系、互助交往空间体系及养老服务设施体系构建与规划布局，并进一步提出城镇投资、开发与运营模式，智慧环境打造等规划措施。

第五章“互助型老年宜居城镇规划案例分析”，为进一步阐释本书的理论研究，本章以北京密云穆家峪老年宜居城镇空间发展概念规划、惠安县华光健康养老产业园概念规划两个典型的规划案例进行分析说明。

第六章“结论与展望”，对相关社会、经济、环境效益和应用前景进行了分析总结，并对需要深入研究的若干专题提出了相关建议。

附录主要为推动互助型老年宜居研究而展开的基础工作，包括国内、外养老项目考察、现行养老标准摘选、现行养老政策文件摘选三部分。

本书基于《“城郊一体化”形势下互助型老年宜居城镇规划研究》课题研究报告，进行了一定的丰富和完善，具有以下几个特点：

科学性，作者进行了大量的考察、政策标准研究和文献研究。

可行性，从中国人口老龄化社会背景及城镇实际发展需求出发，注意与现有城乡规划、标准衔接。

创新性，基于“互助养老”模式，对城镇互助空间体系构建和布局等内容进行了创新性探索。

指导性，对今后老年宜居城镇、老年宜居社区以及老年建筑相关设计与建设具有一定的参照作用。

一年多来，本书撰写得到了中国建筑科学研究院、中国建筑技术集团有限公司相关领导的支持和指导，感谢中国投资协会《老年宜居城镇投资与发展研究》课题组、中国建筑科学研究院《“城郊一体化”形势下互助型老年宜居城镇规划研究》课题组为之付出辛勤劳动的同志！特别感谢中国科学院刘昌明院士，住建部科技与产业发展中心、中国工程建设标准化协会、养老服务设施分会娄乃琳教授级高级工程师，北京市老龄产业协会张宪平高级经济师，北京市老龄产业协会臧美华教授级高级工程师，中深康寿投资有限公司董事长程京献先生，中国城市规划设计研究院周长青研究员，中科院地理科学与资源研究所黄金川副研究员，国家发改委小城镇中心国家老龄委 9073 课题组张永红研究员等课题组专家的悉心指导，感谢中国建筑科学研究院科技处处长尹波、中国建筑技术集团有限公司董事长赵伟、中国建筑技术集团有限公司副总裁冯禄、中国建筑技术集团有限公司工程院院长李东彬等领导对课题的大力支持，以及日本建筑师中山司郎在日本护理机构考察过程中给予的热情帮助！在此一并致以衷心的谢意！

本书从课题研究的角度提出的概念、表述等，还有较多地方可能不够严谨，谬误之处在所难免，有待在实践和进一步研究中加以完善和改正，望读者和同仁不吝赐教。

目　录

第一章

互助型老年宜居城镇研究背景及意义

关于互助型老年宜居城镇的规划研究，是为了积极应对我国人口老龄化问题，紧抓新型城镇化战略机遇，指导、示范同类城镇规划建设而展开的，它是中国社会发展和城镇转型发展的必然选择。

1.1 研究背景

1.1.1 新型城镇化战略机遇

（1）相关概念

新型城镇化——党的十八大报告指出，新型城镇化是以城乡统筹、城乡一体、产业互动、节约集约、生态宜居、和谐发展为基本特征的城镇化，是大中小城市、小城镇、新型农村社区协调发展、互促共进的城镇化。新型城镇化为加快中小城镇的发展提供了战略机遇：把加快发展中小城市作为优化城镇规模结构的主攻方向，加强产业和公共服务资源布局引导，增强集聚要素的吸引力；有重点地发展小城镇，推动小城镇发展与疏解大城市中心城区功能相结合、与特色产业发展相结合、与服务“三农”相结合[1]。

大城市周边小城镇[2]——通过研究与梳理国内外多位学者对大城市周边地区小城镇、城市边缘区的结构研究结果以及现有城市的发展特征，可明确城市具有较大辐射力的区域为距城市中心区≤ 100km 闭合范围，因此界定大城市周边小城镇也采用 100km（自驾车程小时数 1.5 小时）为临界点。

（2）新型城镇化背景下城乡发展现状

作为城市和农村居民点之间的具有过渡性质的居民点，大城市周边小城镇较一般型小城镇具有毗邻大城市的优势（包括资金、资源、技术、市场、创新、基础设施等优势），自身发展拥有良好的区位交通条件、充足的扩展空间、良好的山水景观资源等条件等，其发展受到多方面的重视。大城市周边小城镇有一定的发展优势，然而自身发展缺少特色，缺少适宜的产业支撑、空间环境、养老服务功能设施配置等，尚不足以适应未来社会发展，亟需转型。

养老问题已经成为大城市发展中遇到的普遍问题：我国不少大城市遭遇交通拥堵、空气污染等城市病，并且土地资源紧张、养老设施配置不足，大城市本身不适宜养老。我国在以往的城市规划中，养老很少被作为一种城市功能和一种产业进行规划。面对日益严峻的老龄化问题，许多城市很难在原有城市规划范围内重新划定养老功能区，同时老年产业具有不直接依托城市中心区而独立存在的特性，因此在疏解城市功能中，将养老等功能向大城市周边小城镇转移，已经成为新型城镇化背景下城乡一体发展的一大趋势。

（3）新型城镇化背景下老年宜居城镇规划研究必要性分析

城乡统筹、城乡一体是新型城镇化的基本特征和内在要求。大城市周边小城镇，是大城市中心区产业转移和人口导入的首要承接地，同时在积极承接大城市产业、资源、人口、技术等要素的过程中，也将促进自身城镇就地转型发展。合理配置城乡区域养老服务设施，缓解大城市养老压力，完善小城镇养老服务设施，是健全大城市城乡养老机制的必要补充和重要途径。

因此，在新型城镇化下，强化城乡整体化发展意识，加强大城市周边城镇与大城市发展的整体互动，积极承接大城市养老功能外溢，融合养老事业发展，统筹考虑区域人口、产业、交通、设施、资源等要素配置，充分发挥大城市周边小城镇自身空气清新、城镇承载力尚未饱和等优势，主动分担中心城市的养老功能，促进大、中、小城市之间有机分工和协调配合，既可以有效缓解城市功能集中和交通拥堵所带来的压力，又可以降低老年人生活成本，满足对生态环境的需求，从而破除大城市养老发展难题，为“就地城镇化”转型发展提供新的路径，因此，选取适宜的小城镇进行老年宜居城镇的规划研究具有重要意义。

1.1.2 人口老龄化问题日趋严重[3-5]

（1）老龄化现状

我国自1999年进入老龄化社会，老年人口数量不断增加，老龄化程度持续加深。第六次人口普查数据显示，60岁及以上人口占全国总人口的13.26%，比2000年人口普查上升2.93个百分点。其中65岁及以上人口占8.87%，比2000年人口普查上升1.91个百分点。0 ~ 14岁人口占16.60%，比2000年人口普查下降6.29个百分点。然而，1990 ~ 2000年的十年间，60岁以上和65岁以上人口比例分别提升了1.77和1.45个百分点，0 ~ 14岁区间少年儿童人口比重下降了4.93个百分点。可以看出，我国人口老龄化的速度在加快，少年儿童比重降低速度亦在加快。截至2014年，我国60岁以上老年人口达到2.1亿，占总人口的比例15.5%，2.1亿的人里有将近4000万人是失能、半失能的老人。

（2）老龄化特点

我国的人口老龄化有其自身发展特点：与发达国家相比，我国老龄化呈未富先老的特点，且老龄化发展速度快，是人口老龄化发展速度最快的国家之一；

我国老年人口规模大，是世界上老年人口最多的国家，占世界总人口的1/5，相关研究显示，我国需要特殊照顾的80岁及以上的高龄老年人口增速是老龄化速度的2倍，高龄化趋势明显；发达国家城市的人口老龄化水平一般高于农村，我国则相反，呈现老龄化水平城乡倒置的状况，且地区间差异较大；伴随着人口老龄化和高龄化进程的加速，我国老年人口的健康问题日益凸显，失能老人规模巨大，根据《中国老龄化事业发展报告（2013）》显示，我国失能老年人口逐渐增加，2012年达到3600万人，2013年进一步增长到3750万人，2013年我国"空巢老人"已达1亿人以上，老人生活"空巢"化问题严重。

（3）老龄化趋势

我国人口老龄化将进一步加速发展，高龄化问题日益突出。未来一定时期，面对20世纪80年代、90年代的老龄化高龄化态势，受平均预期寿命延长、持续低生育水平、快速城镇化以及三次生育高峰等因素的影响，我国人口老龄化将进一步加速发展。如果按照联合国中方案的预测，我国人口老龄化水平将在2040年左右超过美国和俄罗斯，到21世纪后半叶，我国人口老龄化会一直维持在较高水平，将成为世界上人口老龄化最严重的国家之一。若按照联合国低方案的预测，我国人口老龄化速度将更快，到21世纪后半叶，人口老龄化水平将保持在35%以上的高水平。根据《联合国人口展望》[6]预测表明，中国老龄人口将于2020年、2030年、2040年分别达到2.42亿、3.46亿、4.03亿，2050年达到4.54亿。2055年，我国老年人口将达到峰值4.62亿，大中型城市老年人口将超过40%。直到2055年后，我国老年人口规模才有可能会缓慢下降。而直到2100年，我国老年人口总量仍然高达2.74亿，占中国总人口的45.0%，人口老龄化将伴随21世纪始终。需要指出的是，人口老龄化进程中，即使老年人口总量能有所下降，但高龄化水平会一直居高不下，重度老龄化和高龄化问题将越来越突出。

《联合国人口展望》关于中国2020年～2050年

老年人口预测（资料来源：参考文献6）　　表1-1

年份	2020	2025	2030	2035	2040	2045	2050
总人口（亿人）	13.99	13.93	13.77	13.51	13.14	12.66	12.09
60+老年人口（亿人）	2.42	2.89	3.46	3.90	4.03	4.18	4.54
老年人口比重（%）	17.30	20.80	25.10	29.90	30.60	33.00	37.60

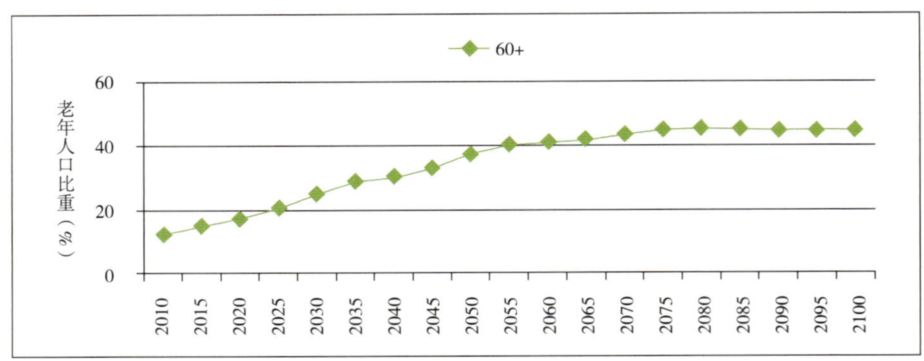

图 1-1 《联合国人口展望》关于中国 2010 ~ 2100 年老年人口比重（资料来源：参考文献 6）

未来劳动力严重短缺，“421”家庭养老负担沉重。2030 年到 2050 年，我国人口总抚养比和老年人口抚养比将保持在 60% ~ 70% 和 40% ~ 50%，达到人口老龄化最严峻时期，“421”家庭养老负担沉重。人口劳动力及专业服务人员严重短缺：根据第六次人口普查数据，2010 年，1980 年后总人数为 1.14 亿，1990 年后人数为 0.83 亿，2000 年后人数为 0.67 亿，1980 年后退休之时，补充进来的劳动力总数将不足需求的 1/3；到 2013 年底，我国取得养老护理员资格的也就 10 多万人，不足整个养老服务队伍的 1/10。在二胎政策放开后，虽然会在一定程度上减缓中国人口老龄化的严重程度与速度，但依然不足以应对人口老龄化。最近一些研究发现，各地育龄妇女的生育意愿普遍很低。我国生育率低于更替水平已达 20 年之久，现在已经下滑到 1.5 以下，未来我国生育水平既有可能像同属儒家文化圈的日本、韩国等东亚地区国家一样陷入“低生育水平陷阱”。

1.2 研究目的、意义

本着“普惠共享、关爱互助”的理念，在国家新型城镇化战略总体构架下，以应对人口老龄化为目的，对老年人的生活质量进行综合提高，同时探索创建社会化养老新模式和城乡共享的养老服务规划体系。互助型老年宜居城镇规划研究，旨在积极应对中国人口老龄化问题，助推中国老年事业发展，为缓解大城市养老压力，进行互助型老年宜居城镇规划理论研究，丰富新型城镇化背景下城镇转型发展路径。通过对互助型老年宜居城镇规划建设的集中模拟，用以解析研究深重度老龄化对中国社会发展城镇建设和环境打造所提出的各项要求，进一步对互助型老年宜居城镇规划进行理论研究，为指导、示范同类城镇各空间层面规划设计及空间用地布局做出积极的尝试和努力。

第二章

国内、外养老研究现状

本章从养老方式、养老政策、养老规划、养老标准等四个方面对国、内外养老研究现状进行梳理，进而借鉴学习发达国家相关养老经验。

2.1 养老方式

2.1.1 养老需求与观念转变

（1）养老需求转变

家庭养老负担增加与老年群体的社会化养老需求转变。随着家庭空巢化、家庭小型化的趋势加快，高龄老人数量的持续增长，子女赡养老人的传统孝道观念将有所改变，单纯依靠家庭养老越来越缺乏现实操作性，随着家庭功能的弱化，社会化养老服务的需求也将与日俱增。居家养老与社区照顾、机构养护等社会化养老模式相互补充、相互配合，混和养老模式将逐渐取代传统的居家养老模式。

养老设施滞后与城市老年群体的异地化养老需求转变。随着经济发展，人们生活水平的不断提高，老年人更注重精神文化层面需求。此外，原先居住的普通社区开始不适应老年人身体、心理及行为特征等各方面的适老性要求，人们开始改变许多传统的养老观念，很多城市老人向往住进一个为其量身定做的拥有完备的设施、全方位服务、环境宜人的老年社区。

（2）养老观念转变[7–8]

回顾中国民众养老观念的历史演变，可以发现在中国传统的养老文化里，“父母抚养子女”、“子女赡养父母”都被视作天经地义的义务。尤其是“养儿防老”的传统养老观，世世代代根植于人们的观念中，影响着人们的养老实践。对于当下正在经历社会转型的中国人而言，人们的核心养老观念并没有发生根本上的裂变，但随着宗亲文化向共性文化的衍变，中国人的总体养老观念也出现了一些新的重大转变：子代养老内涵发生着变化，“独立养老”观念逐渐形成，日渐注重精神养老，更加期盼制度支持。不少老年人更加关心生活质量的提高，而不愿意和子女同住，“独居养老”的比重不断上升。在关于养老责任的认知调查中，尽管最多的人仍然认为子代负有不可推卸的赡养父母的责任，但将结果进行比较后，可以发现随着受访人年龄的减小，他们对于子代赡养的依赖性就越小。

2.1.2 养老方式

家庭养老、居家养老和机构养老是西方发达国家的主要养老方式。在国外居家养老的社区服务一般称为"老年人社区照顾"，社区照顾模式源于20世纪50年代的英国，随后被众多的欧美发达国家所借鉴，成为了解决养老问题的首选模式。一些国家选择居家养老的老年人比例非常高，其中英国为95.5%，美国为96.3%，日本为98.6%，菲律宾为83%，越南为94%[9]。在我国，养老方式主要包括居家养老、社区养老和机构养老三种，其中，90%的老年人由家庭自我照顾、7%享受社区居家养老服务、3%享受机构养老服务。除此之外，国内、外还有其他一些方式，如互助养老、以房养老、旅游养老、候鸟式养老、异地养老、乡村田园养老等[10]。

近年来，由于人们交往方式向共性文化交往的衍变，"互助养老"逐渐兴起，成为一种全新的养老模式。"互助养老"是对"居家－社区－机构"现行社会养老服务体系的有效补充，"互助养老"既满足了老年人的精神需求，发挥老年人自身余热，又将释放大量劳动力，将有效缓解老龄化社会下老年抚养比快速上升和劳动力短缺相矛盾的问题，是中国未来养老发展的必然选择。

国内"互助养老"模式的实践大致有四类较为活跃：在农村主要是肥乡互助幸福院模式及其翻版；在城市，形式更为多样，根据组织和管理方式大致可分为结对组圈式、据点活动式和时间银行式三种，但推广程度均没有"肥乡模式"成功。"肥乡模式"为"集体建院、集中居住、自我保障、互助服务"，实现"离家不离村，离亲不离情；养老在乡村，享乐家门口"的养老愿望。这一模式需要靠政府补贴保证运转，农民自我管理，仅能解决老年人一般生活照料和精神慰藉问题[11]。这种互助养老模式具有很好的普适性，同时又具有一定的局限性，依赖于现有建筑和服务条件，且服务和管理水平有限，主要在社会组织形式上进行互助，并未在空间上进行落实。

国内关于"互助养老"模式的理论研究主要集中在养老公寓方面：张晶石、王佳提出在新建社区或现有社区改造时建设一定比例的适用于自助互助养老的智能老年公寓[12]。让老年人在社会人文生活环境不变的情况下，就近入住老年公寓。老年公寓在满足居住、生活、服务、护理及医疗的基础上，充分考虑老年人融入社会的精神需求，突出公共空间和智能化设计。孟聪龄，陈晨提出互助养老公寓在选址、单元设置、空间组织三方面的建构法则，通过建筑本身的特点来帮助实现"互助"这一目标，旨在为我国日益严峻的老龄化问题提供新型养老模式[13]。前者从策略上对互助智能老年公寓进行探析，后者从空间构建上对老年公寓建筑设计进行指导，但目前关于互助养老应用的研究都仅限于养老公寓，且对各年龄段、不同身体状况的老人对建筑需求缺少系统的考量。

国外关于“互助养老”模式的实践主要为：德国多代居、合租互助养老，英国会员式社区互助养老。

德国多代居，展示了一种新型的社会生活方式，是非血缘关系的社会型互助养老模式。这种多代居从前期策划、建筑设计到后期使用均旨在鼓励不同年龄段且来自不同家庭的住户生活在一个社区单元中，以实现混龄互助下老年人得到生理上和心理上的帮助。德国多代居在空间设计上有以下三个特点[14]：

适宜的项目选址——由于多代居住户的年龄跨度较大，需要考虑到住户的不同需求，其选址应既方便购物、娱乐、就医、受教育、乘坐公共交通，又能满足老年人对各种日常服务设施可达性,同时考虑到老年人对环境安静的要求，选址时应尽量避开交通繁忙，或者娱乐、商业场所过多的地方。

多样的平面户型——平面户型设计区别于普通住宅，它高度贴合不同年龄段住户使用需求，提供多样户型、注重对邻里活动空间设计，主要还是采取标准平面的形式。建筑结构采用外墙承重，内部可由住户二次设计。底层和顶层都设有公共用房，以满足住户交往的需求。部分多代居还在经济条件允许的情况下，提供无障碍户型，鼓励住户长久居住。

互动空间设计——足够的互动空间以促进住户间的日常交流，利于培养互帮互助的社区生活方式。互动空间包括公共庭院、公共活动室、走廊、阳台、种植园等。其中公共庭院是最大的公共活动场所，是小孩玩乐和住户户外聚会的主要空间。

在传统养老模式的基础上德国还发展出了新式的合租互助养老。由数名老人合租一间公寓，互相照顾，另有几名助理看护员日夜轮流协助房客料理日常生活。因为其费用低于养老院，在保持个性又兼顾团体生活方式的同时，配有24 小时全天候医护服务。

美国波士顿的比肯希尔（Beacon Hill）社区，采取的就是社区联盟会员制养老形式，即在社区范围内，老年人缴纳一定的费用成为会员，就能得到社区提供的各种服务和照料。比肯希尔社区共有 60 周岁以上老人 2000 多位，其中 385 人入会，成为养老联盟成员。这一联盟由老人们自我经营，是一种有别于社会服务机构养老的互助形式的养老服务[15]。

德国、美国的互助养老模式以西方文化中的公共意识、参与精神、尊重及宽容，打破了非亲缘关系社会成员间的互助养老界限，借助社会资源解决家庭压力，很好地考虑了社会互助，充分调动了社会成员及老年人自身的积极性，值得借鉴。但是在经济水平、社会环境差异比较大的中国，还是缺乏一定的普适性，我们还需要结合中国国内实际情况，进行适应性设计、逐步实现全龄间的互助养老。

2.2 养老政策

2.2.1 国内养老政策

随着人口结构和家庭结构的变化，老龄化趋势日益突出，我国养老需求发生了巨大变化，所需服务数量剧增，所需服务内容更加多样。应对这种形势，政府部门加快了养老政策制定和出台，养老政策涵盖的内容也逐步丰富：

财政支持逐步加强。2010 ~ 2013 年，全国公共财政支出决算“老龄事业”费用分别达到 16.7 亿元、26.6 亿元、53.3 亿元，年均增长率近 50%。财政资金用于公营和民营养老机构的同时，鼓励社会资本的进入，不断增加民间资本进入养老服务领域的财政支持。财政资金支持养老基础设施规划建设，并逐步增加养老服务补贴力度，各地方也相应出台了对养老机构按床位给予运营补贴。

税费优惠范围扩大。近年来，国家逐步取消了对福利性、非营利性的老年服务机构的企业所得税，同时免征老年服务机构自用房产、土地城镇土地使用税；对企事业单位、社会团体、个人等按规定向福利性、非营利性的老年服务机构的捐赠，在缴纳企业所得税和个人所得税前全额扣除；免征养老服务的营业税，不断加大对养老服务结构的财政补贴。

养老用地供应加大。统筹安排养老用地，并逐步将用地指标纳入管理规划，2013 年《国务院关于加快发展养老服务业的若干意见》提出，对各类养老服务设施建设用地纳入城镇土地利用总体规划和年度用地计划，对营利性养老机构建设用地，优先保障供应。确立有差别的优惠供地政策，并不断降低有偿用地成本。对非营利养老服务设施用地划拨供给，明确营利性养老机构建设用地为有偿用地。

金融创新步伐加快。鼓励金融机构加大信贷投入、增加信贷投入、放宽贷款条件、扩大抵押担保范围，加大对民间资本进入养老服务领域的金融支持。增强养老机构的融资能力，鼓励和支持保险资金投资养老服务领域，拓宽养老事业的融资来源。

养老设施和服务规划作用加强。充分发挥规划引领作用，切实推进健康与养老服务项目布局落地，各城市在编制各类规划时，要统筹规划各类公共服务设施，把医疗、养老、体育建设设施作为重点内容科学布局。同时，我国老年服务和产业发展仍然相对滞后，无法满足日益增长的养老需要，还有许多方面需要完善。

2.2.2 国外养老政策

20 世纪 40 年代以来，英、美、日等发达国家相继出现了人口老龄化的趋势，各国不断出台政策措施积极应对，政策内容逐步丰富，有效保障了老人生活质量的提高，对我国具有一定的借鉴意义：美国注重涉及多种养老服务的财政投入，托底困难老人养老，以养老保险金资助养老服务，鼓励志愿服务以支持非营利组织发展；德国重视护理体系和养老保障体系的培育，德国护理体系是德国社会稳定的五大支柱之一；日本的社会保障体系相对完整全面，除了养老金保险、医疗保险，还专设了照护保险这一项[16]，日本注重增加养老财政支出，不仅重视为养老提供低成本的信贷资金支持，还注重对信贷以外资金的运用，尤其是养老保险资金的运用，以低息或无息贷款的方式，降低养老机构的建设运营成本，此外，日本社区养老成为政策关注的重要内容，注重法律体系建设，促进养老人才培养和就业，要求养老机构按照“护患比”配备专业人才；英国则着力推动政府购买服务，完善社区法律制度。

2.3 养老规划[17-29]

2.3.1 国内养老规划

我国对老年建筑的研究始于 20 世纪 80 年代，但对养老社区及养老设施规划研究尚处在起步阶段。国内关于养老规划的研究重要集中在养老服务设施规划、养老社区规划、老年居住建筑和居住环境等三方面。

关于养老设施规划布局研究，多为经济发达地区，如北京、天津、昆山。2012 年，陈小卉、邵玉宁《发达地区养老服务设施规划的探索——以昆山为例》针对发达地区人口老龄化发展态势和养老设施建设情况，分析了老龄化背景下发达地区养老服务设施体系构建及养老服务设施规划布局要求，并以昆山为例，探索了养老服务设施布局的技术方法，并提出广义的养老服务设施体系包括了机构、社区和居家养老服务设施、为老服务设施以及老年社区三大类。薛忠燕、李涛《北京市养老服务设施规划策略与实施机制初探》，文强《天津市机构养老设施总体布局研究》分别对集中养老模式下养老服务设施规划、机构养老布局进行研究，此外，也有关于城市郊区的养老服务设施建设，如李保奇的《供需平衡视角下的城市郊区养老设施规划研究》，从人口社会学、城乡统筹、地理空间资源等角度分析北京市房山区养老设施的需求与供给，从需求结构、资源供给、设施体系提出规划策略，并在设施的空间布局、用地选址、类型细化及配套标准等方面提出具体建议，对促进城市郊区的养老服务设施建设，实现供需平衡具有技术指导与操作意义。

关于养老社区的研究我国起步较晚，目前国内关于养老社区规划研究主要基于国外建设经验，提出适于我国的规划对策。如 1995 年胡仁禄的《美国老年社区规划及启示》，2012 年何立羽的《中美养老社区规划对比研究》，2013 年全心的《美国养老社区及老年公寓设计新趋势》。近几年，随着我国养老社区的实践，也提出了一些新的建设经验。2015 年，绿城房地产集团有限公司包志禹的《学院式养老社区实践——乌镇雅园设计》，提出学院式养老模式，并通过相关规划与实践总结出养老社区规划和设计中应关注的问题和对策。2014 年，杨鸽《综合养老社区居住建筑群体空间规划设计初探》，在梳理老年人居住模式及老年居住建筑定义和分类，分析国内外综合养老社区居住建筑群体空间规划设计特征的基础上，提出相应的规划设计策略。

我国关于老年居住建筑和居住环境的研究有一定的研究基础。1992 年东南大学的胡仁禄、马光提出的《城市老年居住建筑环境研究》课题获国家自然科学基金资助，他们在 1995 年出版的《老年居住环境设计》一书，是一部全面论述老年人居住环境问题的专著；2009 年，王江萍在《老年人居住外环境规划与设计》一书中从宏观（室外场地）、中观（室外空间）和微观（主要室外设施）三个层面上全面分析了老年人居住外环境的各种场地和空间的特征，提出了规划与设计的原则和方法，为社区老年人设施的规划设计提供了参考依据；2011 ~ 2012 年，清华大学的周燕珉发表了多篇老年住宅空间的论文，并出版了《老年住宅》、《老人·家》等专著。

2.3.2 国外养老规划

老年社区起源于美国，一般有独立住宅、老年公寓、护理院三种建筑中的一类或几类共同组成，美国各大地产商通过多年的经营，老年社区已经逐渐成熟，开发模式也趋于多样化，已经形成了较为全面的养老居住建筑和人性化的服务设施类型，截止到2009年美国全国一共有1861处，CCRC是其中最为典型的模式，入住对象已经达到了一百多万人。它综合了各种类型的人性化养老服务，拥有完善的无障碍社区规划和住宅设计，全面覆盖身体状况从健康到虚弱，生活自理程度从独立居家生活到需要辅助生活的各阶段老年人，具体包括如独立型老年住宅、介助老年住宅、介护老年住宅、老年痴呆病院、临终关怀等。美国老年城镇、可持续照料退休社区大多数建在郊区或小城镇，规模较大，建筑以低层住宅、别墅为主。

在德国关于养老建筑建设依据德国第五代养老建筑设计标准，养老建筑设置以单人间为主，建筑内部设置有较大比例的公共交往空间，并且建筑周边有完善的社区服务设施配套。让老人生活在自己私有的区域里，满足自身个性化需求，同时又不脱离社会。其适宜的建筑选址、规模、建设指标，灵活的室内空间布局，智能化设计趋势，多元的养老服务内容，合理的医护比等具有很好的借鉴意义。

相对于欧美国家，地处东亚的日本城市文化和人口特点与我国相似，其养老公寓模式在很多层面对我国的养老问题都有指导意义。在空间布局层面，日本的养老公寓建设更加集中、用地更加节约，分布在城市医院的周边区域，和医院建立深度的合作关系，日本的老年公寓尤其注重建筑适老化设计，如可以和宠物一起居住、在公共起居厅的洗手池、注重细节体验的浴室设计等；在建设层面，日本老年公寓提供介护和自理两种居住单元模式，其中介护与自理型床位比约为1∶5，对我国的老年公寓建设都有指导意义。

新加坡早在1998年3月就推出了“乐龄公寓”（全国有金松、金柳、金棕、金栎、金香和金莲6个乐龄公寓区，地点都选在公交便利、设施完善的基础较好的社区内），一般兴建在成熟的社区中。公寓一般为12层到14层的板式高层，整幢楼只有乐龄单元，而没有其他户型。公寓户型一般分为35m^2和45m^2两种，为一位或两位乐龄人提供生活空间。新加坡乐龄公寓的产权一般是30年，之后可延长10年，但不可以转售，只能卖回给住宅发展局。同时，对乐龄公寓的申请者提出了严格的要求：申请者必须是55岁或以上的住宅屋主，必须是新加坡人，夫妇可以一起申请购买，单身人士、离婚者或丧偶的住宅屋主也可以申请。组屋实际上跟我国的单元房差不多，组屋户型大体上可以分为三房式、四房式、五房式和公寓式。三房式的组屋面积为60～65m^2，包括两间卧室和一间客厅；四房式面积为90m^2左右，包括三间卧室和一间客厅；五房式面积为110m^2左右，包括三间卧室、一间客厅、一间饭厅或者四个房间加一个客厅；公寓式组屋面积则在 130m^2 左右，设施与五房式组屋相似。

2.4 养老标准

2.4.1 国内养老标准

我国涉老方面的标准已从 1999 年到 2013 年共计 7 项，包括:《老年人居住建筑设计标准（GB/T 50340—2003）》、《养老设施建筑设计规范（GB 50867—2013）》、《城镇老年人设施规划规范（GB 50437—2007）》、《老年养护院建设标准（建标 144-2010）》、民政部《社区老年人日间照料中心建设标准（建标 143-2010）》、《老年人社会福利机构基本规范（MZ008-2001）》、《老年人建筑设计规范（JGJ 122—99）》等。

2013 年 10 月 18 日发布的《老龄宜居社区（基地）标准》是在全国老龄办和国家标准委的指导下，由中国老龄产业协会和中国标准化研究院按照相关法律程序，由宜居养生委员会、宜居养生产业联盟和质量管理分院承担具体编制工作，以“十二五”养老规划为指导，针对新建、改建、扩建的高端老龄宜居社区的建设和服务进行编写，完成了标准征求意见稿的编写工作，涉及养老社区建设、护理服务、运营管理、信息化建设等多方面内容[30]。

此外，中国工程建设标准化协会正在组织《老年友好城市评价标准》、《既有建筑适老化改造技术规程》、《适老化改造产品应用技术规程》、《老年宜居社区评价标准》、《社区养老服务驿站建设技术规程》、《适老防滑抗菌地砖》等六项标准的编制[31]。

我国涉老规范、标准数量在增长，但涉老工程建设标准存在标准层级定位不清，概念模糊不清，各标准之间重复、交叉，甚至是强制性标准与强制性条文之间冲突等问题，影响了使用者对相关标准的正确理解和准确执行。需要构建科学、实用、系统、全面、可扩展的规划与建筑相关标准体系，并通过扩大编制范围，统筹整理归纳原有规范标准，以实施完善的工程项目为依托、以国际惯例为参考，实现涉老城镇规划与建筑标准的全覆盖研究，逐步建立完善的社会化养老标准体系，为形成具有中国特色的涉老工程建设标准奠定基础。

我国现行养老标准内容摘选

（资料来源：根据我国现行养老标准整理）

表 2-1

发布时间	实施时间	规范名称	主编单位	参编单位	批准部门	规范类型	归口单位	批准文件号	适用范围	强制性条文
1999.05.14	1999.10.01	老年人建筑设计规范（JGJ 122—99）	哈尔滨建筑大学	青岛建筑工程学院、大连理工大学、新艺华室内设计公司、吉林建筑工程学院、建设部居住建筑与设备研究所、中国城市规划设计研究院	建设部、民政部	行业标准	中国建筑技术研究院建筑标准设计研究所	建标［1999］131 号	城镇新建、扩建和改建的专供老年人使用的居住建筑及公共建筑设计	强制性行业标准
2001.2.6		老年人社会福利机构基本规范（MZ008–2001）	民政部社会福利和社会事务司	北京市民政局		行业标准	本规范由民政部人事教育司归口管理，授权主要起草单位负责解释		本规范适用于各类、各种所有制形式的为老年人提供养护、康复、托管等服务的社会福利服务机构	
2003.05.28	2003.09.01	老年人居住建筑设计标准（GB/T 50340—2003）	中国建筑设计研究院、民政部社会福利和社会事务司	中国老龄科学研究中心、北京市建筑设计研究院、中国老龄协会调研部、上海市老龄科学研究中心、上海市老年用房研究会、上海市工程建设标准化办公室、同济大学建筑与城市规划学院、青岛建筑工程学院建筑系、河南省建筑设计研究院	建设部	国家标准	中国建筑设计研究院	建设部第 149 号	专为老年人设计供其起居生活使用的居住建筑，包括老年人住宅、老年人公寓、养老院、护理院、托老所	
2007.10.25	2008.06.01	城镇老年人设施规划规范（GB 50437—2007）	南京市规划设计研究院	大连市规划设计研究院、江苏省民政厅	建设部	行业标准	建设部	建设部第 746 号	城镇老年人设施的新建、扩建或改建的规划	第 3.2.2、3.2.3、5.3.1

续表

发布时间	实施时间	规范名称	主编单位	参编单位	批准部门	规范类型	归口单位	批准文件号	适用范围	强制性条文
2010.11.17	2011.03.01	老年养护院建设标准（建标144-2010）	民政部规划财务司、全国老龄委、民政部社会福利和慈善事业促进司、中国老龄科学研究中心		建设部、发改委	行业标准	由住宅城乡建设部和国家发改委管理、具体解释工作由全国老龄工作委员会负责	建标［2010］194号	适用于老年养护院的新建、扩建和改建工程	
2010.11	2011.03.01	社区老年人日间照料中心建设标准（建标143-2010）	民政部	民政部组织有关单位共同编制	住房和城乡建设部、发改委	行业标准	民政部		适用于社区老年人日间照料中心的新建工程项目，改建和扩建工程项目	
2013.09.06	2014.05.01	养老设施建筑设计规范（GB 50867—2013）	哈尔滨工业大学	上海市建筑建材业市场管理总站、上海现代建筑设计集团有限公司、上海建筑设计研究院有限公司、河北建筑设计研究院有限责任公司、中南建筑设计院股份有限公司、华通设计顾问工程有限公司、中国建筑西北设计研究院有限公司、华侨大学、全国老龄工作委员会办公室、苏州科技学院设计研究院有限公司、北京来博颐康投资管理有限公司	住房和城乡建设部	国家标准	由住房城乡建设部负责管理和对强制性条文的解释，由哈尔滨工业大学负责具体技术内容的解释	住房和城乡建设部第142号文	适用于新建、改建和扩建的老年养护院、养老院和老年日间照料中心等养老设施建筑设计	第3.0.7、5.2.1

2.4.2 国外养老标准

国外适老化设计研究起步早，已形成相应的系统和标准。关于国外养老标准研究现状，本书主要借鉴德国五代养老建筑设计标准。

德国五代养老建筑设计标准（资料来源：参考文献 32） 表 2-2

德国五代养老建筑设计标准					
名称	类型				
	第一代养老建筑	第二代养老建筑	第三代养老建筑	第四代养老建筑	第五代养老建筑
年份	20 世纪 40 年代到 60 年代	20 世纪 60 年代到 70 年代	20 世纪 80 年代	20 世纪 90 年代末	2011 年开始
特点	疗养看户型，老人被简单的看护	医院，老人被当作病人处理	住宅，鼓励在家养老	家庭，老人体验到家庭的温暖和常态	居家式养老 社区式养老 机构式养老
护理单元规模			16 个床位组成一个护理单元	8 个床位组成一个护理单元	4 个床位组成一个护理单元
功能设施	卫生设施	带有洗浴区、一些理疗设备	住宅群	大厨房和洗衣房	公共活动室、阳台、单独沐浴
户型	多人间	双人间	单人间开始兴起	几乎单人间	全部为单人间

德国从 20 世纪 40 年代第一代养老建筑，到 2011 年的第五代养老建筑，经历了约七十年的历程。纵观五代养老建筑设计的发展过程，可知养老建筑发展的三大趋势：设施配置更加丰富多元，更加注重公共空间的设计，同时满足老年人私人空间的保护和个性化需求。《德国第五代养老建筑设计标准》[32] 由德意志老年援助委员会和相关权威共同编写，以指导养老建筑设计，鼓励老年人的自主生活、提升自我管理能力，使老年人的生活空间更有生活价值。德国第五代养老建筑在第四代养老院强调公共交往的基础上，更注重自我空间的设计，每个护理单元由 4 个单人间组成，并配有公共活动空间、私人的厨房和浴室（详见附录一）。

我国可以直接借鉴德国最新一代养老建筑设计标准，即第五代养老建筑设计标准，并结合我国国情加以改造，建筑设计考虑建筑朝向、多元地域文化和多元人群需求。

综上所述，随着人口老龄化进程的加快，养老研究受到越来越多的重视，尤其是城乡规划领域对老龄化社会的研究正在逐步系统化。对于养老的研究取得了一些初步的成就，但研究的空间还很大，尤其是互助型老年宜居城镇的研究。通过国内、外养老研究可知，目前我国养老规划研究主要针对养老设施建设滞后问题来开展，缺少结合未来劳动力短缺的社会大背景而做出前瞻性考量。其研究范围主要集中在养老设施规划、养老社区、养老建筑单体层面，上下断层、相对孤立，缺少城乡层面的空间统筹，缺少城镇层面养老服务设施体系构建的研究，其空间布局缺少与“互助养老”新的发展趋势对接，且不能满足老年人的多样需求。此外，我国养老体系的发展缺少完善的政策、法律支撑，缺少相应的建设标准指导。

因此，随着养老需求、观念和模式的变化，城镇集中互助式养老将会得到广泛接受：有助于满足养老服务需求，有助于释放养老市场潜力，降低养老成本，提高土地利用率。在新型城镇化战略机遇下，基于“互助养老”模式，打造互助型老年宜居城镇具有一定的可行性。同时，互助型老年宜居城镇的打造，也具有一定的必然性：它将拉动当地经济的发展，为当地居民提供就业机会，提升养老城镇的设施和条件，顺势解决周边农民养老问题，将有利于促进城乡文化交流，有利于提高社会养老资源使用效率，有利于吸引社会资金和资源投向养老产业，互助型老年宜居城镇规划研究是中国社会发展和城镇发展的双重选择！

第三章

互助型老年宜居城镇相关概念及规模、选址要求

互助型老年宜居城镇属于老年友好型城市范畴，它以养老服务作为城镇的主体功能，目前来说是一种创新。本章在国内外养老研究的基础上，借鉴发达国家经验，并结合中国城镇自身发展特点，提出互助型老年宜居城镇、互助型老年社区、互助型居住单元三大概念和适宜的规模和选址要求。

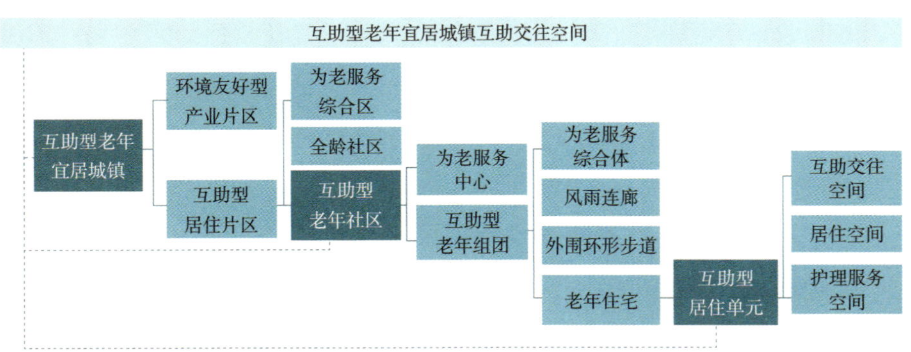

图 3-1　互助型老年宜居城镇互助交往空间（资料来源：作者自绘）

3.1　相关概念

（1）互助型老年宜居城镇

互助型老年宜居城镇是在传统城镇发展的基础上，以打造互助社会为纲领，以养老服务作为城镇的主题功能，以环境友好型产业发展为支撑，以老年人行为尺度为指导，以公共服务设施和开放空间的适老化、均等化配置为原则，统筹考虑城镇社会、经济、产业、生态、人文的协调可持续发展的老年友好型城镇。

对互助型老年宜居城镇概念进行分解，一是互助型，以互助型社会打造为纲领，鼓励社区公共意识、参与精神、尊重及宽容，倡导社区成员作为志愿者的主观能动性，打破非亲缘关系社会成员间的互助养老界限，借助社会资源解决家庭压力，实现老年人间、老年人与其他社会群体间的互助交往、共建新型互助家园的目的。老年人与社会群体之间的互助，如德国的非亲缘关系“多代居”、“储蓄时间”计划等。老年人之间的互助，如德国的“同居式养老”、“合租互助养老”，美国的社区“养老联盟”。二是老年，要求城镇建设和发展要适宜老年群体生活居住，养老服务业是城镇经济发展的重要内容。三是宜居，要求城镇具有良好的生态环境、便捷的交通、完善的服务业及完备的其他基础设施。四是城镇，要求在城镇范围内，而不仅仅是在社区层面进行规划和建设，要求统筹城镇自然资源条件、土地资源条件，进行面向老龄群体，但又涵盖全龄人群的环境、设施打造；在产业支撑上，养老产业是重要产业，同时，考虑与其他环境友好型产业协同发展。

互助型老年宜居城镇的功能定位为：对接新型城镇化战略机遇，互助型老年宜居城镇依托大城市完备的医疗设施和完善的区域交通，充分发挥自身良好的生态环境和生态承载力尚未饱和的优势，主动分担中心城市的养老功能。

互助型老年宜居城镇具有八个特征要素：一是满足老年人融入社会、参与社交的机会，二是通过共性交往达成互助，三是打造适宜老年人居住生活的建筑与空间环境，四是实现老年医护设施的可及性，五是老年人通过"再教育"获得精神需求的满足，六是打造完备的健身与锻炼设施环境，七是营造慢行完全舒适的内部交通环境，八是配备便捷的商业服务设施。

（2）互助型老年社区

互助型老年社区是以老年人的行为尺度为指导，延续 CCRC 可持续照料功能，均等化配置完善的公共服务设施，使老年人在健康状况和自理能力变化时，依然可以在熟悉的环境中继续居住，并获得与身体状况相对应的照料服务。在互助型社区内发挥每一个活力老人作为志愿者的主观能动性，共建适老、互助、宜居的新型社区。此外，以社区为用地单元模块，考虑单元内部的规划指标平衡、自由组合和灵活开发建设。

（3）互助型居住单元

互助型居住单元是城镇最小、最基本的单元。依照"互助"这个概念展开，每个居住单元划分为互助交往空间模块、居住空间模块、养老服务空间模块三个部分。它既能满足老年人获得持续照料的需求，又能满足老年人互助交往和个性化需求。结合不同年龄阶层的老人活动能力和需求，对互助型居住单元进行不同的空间组织，形成三种应用形式：互助型住宅、互助型公寓、互助型护理院。

3.2 城镇选址及规模

3.2.1 选址原则

大城市周边小城镇既能接受大城市的辐射带动作用，又能疏解大城市的人口、功能，特别是养老功能。互助型老年宜居城镇的选址，需要统筹考虑城乡发展现状，在区域层面合理选择部分具有发展潜力且符合选址条件的小城镇，打造互助型老年宜居城镇，明确城镇在区域发展中的养老职能和定位；结合大城市总体规划、区域城镇体系规划、养老专项规划等，高标准规划建设，发挥城镇良好的发展优势，延伸城镇发展特色，突出城镇养老主题功能，并在资金、技术、人员的配备上给予大力支持，打造互助型老年宜居城镇，使其快速发展成为城市外围组团和农村地区的区域中心 [33-34]。

参考国内外养老考察及结合中国城镇发展现状，适宜互助型老年宜居城镇选址的大城市周边小城镇需要具备以下条件：距离大城市边缘 5 ~ 80km 左右、市郊交通便捷、临近或拥有良好的医疗资源、生态环境优美的郊区。

距离大城市边缘 5 ~ 80km 左右的郊区。根据相关研究，城市具有较大辐射力的区域为距城市中心区不大于 100km 的闭合范围。根据国内外养老考察项目的实例归纳分析可知，养老城镇或社区一般选在 5 ~ 80km 范围内，既能很好地接受大城市的辐射、拥有良好的环境，又能有足够的土地资源面积来满足养老社区的低密度建设要求。这一条件的实现需要便捷的市郊交通联系。

便捷的市郊交通。同时，便捷的市郊交通也是老年人考虑入住的一个重要因素。快速便捷、串联城乡功能的市郊交通，能满足老年人与子女间情感交流和融入社会的基本需求。因此，拥有便捷的市郊交通或者打造便捷的市郊交通是互助型老年宜居城镇选址的一个重要因素。

临近或拥有良好的医疗资源。据调查，在 60 岁以上老年人的平均余寿中，约 1/2 ~ 2/3 的时间处于患各种慢性病的状态 [35]。互助型老年宜居城镇和社区中居住着相当数量的需要护理的老人，这些老人需要日常的医疗服务和检测，而往往这些医疗服务都比较专业和复杂，仅靠一个城镇或社区，可能无法承担这样的规模和内容，需要借调周边大型医疗机构对其进行补充。因此，选址在医疗水平良好的城镇会极大地方便老年人就诊、取药以及日常生活 [36]。

生态环境优越。良好的生态自然环境可以让老人远离城市喧嚣的生活，加快康复速度，并且能让他们身心更加愉悦。尤其可以使社区中完全自理能力的老人拥有更加多元、丰富的生活。调查显示，随着空气质量的恶化与日益拥挤的城市空间相比，有越来越多的老年人更愿意选择拥有成熟配套的小区，选择拥有优越生态自然环境、风景名胜的地方进行养老 [37]。

3.2.2 适宜规模

适宜的镇区规模：相关数据表明城区人口规模与其经济实力、城镇化水平成正比，当镇区人口达到 3 万人以上时，小城镇才能发挥应有的聚集功能。结合中国一般城镇规模上限为 10 万人，参考大量的项目考察尤其以美国大型养老城镇及社区规模可知，取 3 万 ~ 10 万人为适宜的镇区人口规模。

适宜的社区及组团规模：适宜的老年社区及组团用地规模是以老年人的行为尺度划分的。空间上，老年人的5分钟出行距离大约是在180 ~ 250m内，450m是老年人步行10分钟的距离，也是老年人的疲劳极限距离，可将300 ~ 450m作为老年社区的服务半径，将150 ~ 250m作为老年邻里组团的服务半径[38]。由此，可推断社区用地规模为25 ~ 65hm^2，组团用地规模为5 ~ 20hm^2。适宜的老年社区和组团人口规模是结合活动能力不同而划分的。结合国外对养老住区规模控制的经验，同时参考我国相关规定，综合推算得出入住老人以5000 ~ 8000人为宜。大型养老社区的空间布局宜成组团化，根据老年人的活动能力，分为健康型组团、介助型组团、护理型组团。健康组团规模应比普通居住区要小，普通居住组团是1000 ~ 3000人，而健康老人组团大概是500 ~ 1000人；介助型组团结合养老公寓布置，适宜规模为150 ~ 300人，如果是太大的话，管理不是很方便，老人之间也不是很熟悉[39]。护理型组团结合护理院布置，结合我国养老相关规范标准及国内、外考察可知，护理院配置一般大于100床，且以120 ~ 150个床位最为经济。

适宜的互助型居住单元规模：结合年龄阶层的老人活动能力和需求，互助型居住单元模式有三种应用形式，互助型住宅、互助型公寓和互助型护理院。根据国内外考察经验，互助型居住单元居住空间模块宜成组布置，每组包括4 ~ 6个南向居室，单个居室建筑面积宜为32m^{2}以上。其中，互助型住宅单层平面规模宜布置1组南向居室，互助型公寓宜为2 ~ 3组，互助型护理院宜为3组。

第四章

互助型老年宜居城镇规划研究

本章系统阐述了互助型老年宜居城镇的产业体系、交通体系、互助交往空间体系及养老服务设施体系构建与规划布局，并进一步提出城镇投资、开发及运营模式和智慧环境打造规划措施。

4.1 环境友好型产业体系

随着老年需求持续增加、国家政策不断完善，老年产业发展潜力巨大，动力强劲，有望担当推动城镇发展的重任。它包括老年服务业、养老住宅、养老产品三大产业。老年服务业是老年产业的核心，包括老年医疗保健业、老年护理业、老年文化旅游业、老年教育体育业、养老金融业等。老年产业是一种综合性的产业，具有产业链长、关联度高、涉及领域广等特点，适于产业融合发展，适于探索养老服务产业园区的建设模式，建立相互依存的产业联系。

互助型老年宜居城镇的产业发展应当从自身发展优势及生态旅游资源出发，坚持绿色发展、科技引领、文化提升，以老年产业为特色，以老年服务业发展为重点，并融合传统产业进行适老化转型升级，从而构建多产业协调发展的环境友好型产业体系，引导周边人口、功能、产业要素向城镇聚集，推动互

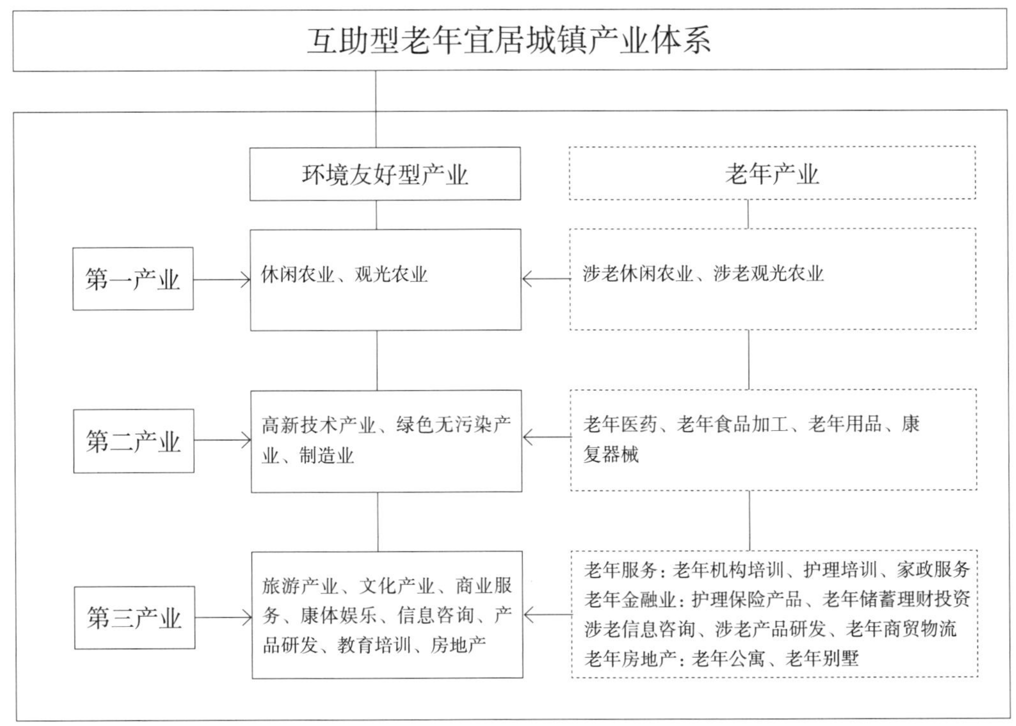

图 4–1 互助型老年宜居城镇产业体系（资料来源：作者自绘）

助型老年宜居城镇的可持续发展。第一产业，依托良好的农业产业发展基础、资源条件，引导传统农业向都市休闲观光农业的升级。第二产业，调整升级镇域传统优势产业，加快以养老产业为特色的生态型工业园区建设。第三产业，融合养老产业发展，引导综合商业服务业、旅游度假产业和房地产业的适老化升级，构建具有地域特色的养老服务产业体系。

4.2 外捷、内缓交通体系 [40-41]

对外打造快捷的外部交通体系，加强城镇与大城市的对接，满足老人与子女情感交流和融入社会的需求。对内打造多层次的慢行交通体系，突出交通的适老性设计，主要体现在可达性、可识别性、适于慢行及无障碍设计等方面。

内部交通的适老性设计需要突出其可达性。内部交通组织应人车分流，保证老人在社区内能够安全地行走，不会受到机动车的干扰。主要车行道应简洁通畅、串联各功能分区，步行道路应尽可能呈环形接通。当城镇或社区规模较大时，老人从居住组团到公共服务设施的距离过远，应提供社区电瓶车等搭载老人出行。社区内各楼栋和设施之间最好能设置带遮蔽的连廊，以便雨雪天气时老人仍可安全出行。

内部交通的适老性设计需要突出其可识别性。主要体现在道路设计具有明确的方向感，主要社区道路及入户道路应设有明显的交通标识，并设有足够的夜间照明设施。

内部交通的适老性设计需要适于慢行的交通环境。为让老年人生活贴近自然，体验慢生活，结合城镇特色设置一定的自行车道、老年健康步道、滨水湿地游线等线路构建多层次的特色慢行交通体系，满足老年人以步行、自行车、电动车等方式为主的出行方式。慢行路线设计宜形成环路，转折点或终点需设标志物增强导向性，同时注意满足坐轮椅老年人的通行要求。道路网密度设计应考虑适于慢行，适当密集 [42]，道路断面设计应减小机动车道宽度，增加人行道宽度，人行道与休息空间结合，提高休息设施布置密度 [43]。此外，老年社区的机动车交通时速应有所控制，参考国际经验值为 30km/h。环境噪声标准控制在昼间 55dB，夜间 45dB 以内，营造适老、宜居、宁静、安全的生活环境。

内部交通的适老性设计需要做好无障碍设计。以老年人体工程学以及无障碍设计基本尺度的理论基础进行设计，特别是老年建筑、公共建筑内部及周边道路的无障碍设计，做到老年人全程无障碍出行。步行道路的坡道应满足无障碍设计的要求，坡度不宜大于 2.5%，当坡度大于 2.5%时，变坡点应设置提示牌，并设置扶手，路面应采用防滑材料铺装，停车场应与住宅及主要配套设施实现无障碍连通。

4.3 互助交往空间体系

4.3.1 体系构建策略

互助交往空间体系包括公共服务设施空间和公共开放空间两个部分。

公共服务设施空间结合交通服务、急救医护服务、文化休闲服务进行逐级打造——宜分“镇级—社区级（村级）—组团级”三级进行公共服务设施的规划布局。公共服务设施的布局需要考虑时空两方面。时间上，根据相关研究，以家庭为出行圆点，老年人的主要活动半径为 5min 的出行距离 [44]。因此，结合老年人出行特点，引入“五分钟”生活圈概念，在老年人的可达性范围内，结合交通、医疗、教育等资源集中配置公共服务设施。对于部分大型社区中，服务设施距离较远的可以引入区内电瓶车交通系统，解决跨区域出行需求。结合老年人的出行尺度和社区规模要求，以 300 ~ 450m 作为老年社区公共服务设施服务半径，以 150 ~ 250m 作为老年组团公共服务设施服务半径。

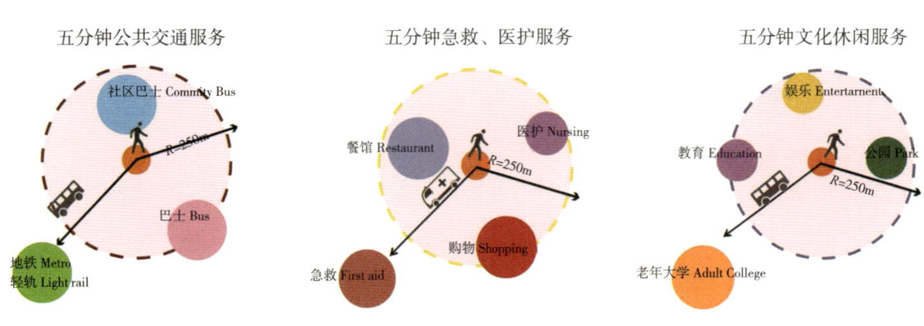

图 4-2 五分钟生活圈及服务半径示意图（资料来源：作者自绘）

公共开放空间主要包含绿地系统和景观系统。绿地系统规划应结合老年人活动半径及互助型老年宜居城镇各级中心，围绕城镇公园、社区公园、组团绿地来布局。景观系统规划需要保护和延续当地的历史文化特色，突出老年宜居城镇景观特色，串联城镇内部重要的公共服务设施及开敞空间节点，将人与自然空间环境、社会空间环境有机融合。景观绿化的设计，需要考虑通过景观要素配置进行适当的感官刺激，如能引起老年人公共回忆的环境要素和细致的植物搭配。考虑适当配置一定比例的抬高花床、抬高水景等景观设施，满足轮椅使用老人的活动需求，使失去活动能力的患者与正常人有同等使用效果。此外，考虑老年人的活动能力和多样需求，可适当提高休憩设施的布置密度和多样性，同时，配套一定的健身设施。在适当位置配置环卫设施、标识设施和照明设施的配置也要考虑对老年人的适应性。

4.3.2 空间布局模式

互助交往空间布局从“互助型老年宜居城镇—互助型社区—互助型居住单元”三个空间层次来展开。互助交往空间应突出空间的适老性、互助性两大特色。适老性，指基于老年人的行为尺度，指导互助型老年宜居城镇的布局和设计。互助性，指基于适老性公共空间的打造，为老年人与社会群体之间的互助交往提供一个空间载体。

（1）互助型老年宜居城镇

互助型老年宜居城镇的规划布局宜划分为互助型老年居住片区和环境友好型产业片区。其中，互助型老年居住片区适宜采用“为老服务综合区 + 全龄社区 + 互助型老年社区”圈层式布局模式。

为老服务综合区主要包括养老院、护理院、老年专科医院、老年大学、老年活动中心、老年服务中心、商业办公设施、城镇公园等内容。

全龄社区配有一定比例的老年组团和公寓。

互助老年社区配有社区为老服务中心及多个互助型老年组团，其中，老年组团宜结合老年人的活动能力进行划分，老年住宅采用一定比例的互助型居住单元。

（2）互助型老年社区

互助型老年社区采用圈层式居住布局模式，主要是将老年配套服务设施与公共配套设施组合在一起，置于社区中心，形成一定的规模效应，外围布置养老组团，以提高设施的利用率。互助型老年社区整体的研究方法是以组团布局为模块，通过与公共设施的模块化组合构建养老社区，这种布局模式相对比较灵活。

1）互助型老年社区布局模式——“互助型老年组团 + 为老服务中心”

互助型老年社区为老服务中心主要包括社区公园、护理院、老年大学、老年商业中心等设施。

互助型老年社区布局模式是以为老服务中心为核心，设施服务距离为半径，周边均匀分布互助型老年组团，组团与为老服务通过公共绿廊和步行系统连接，提高为老服综合区的可达性。

2）互助型老年组团布局模式——“为老服务综合体 + 风雨连廊 + 老年住宅 + 外围环形步道”

每个组团的规划设计以为老服务综合体为中心采用多级连廊系统——宅间连廊、公共建筑廊道，确保畅行无阻。连廊将各个住宅单元、为老服务综合体进行连接，为老人创造良好的室外步行条件和休息交流的空间。老年住宅外围设置老年环形步道，为老年人提供活动锻炼的场地，同时兼具消防车道的功能。整个组团采用全地下停车，在组团的入口处设置地下车库入口，为老年人提供一个安全、舒适的居住环境。

此外，互助型老年社区综合环境品质打造很大程度上取决于容积率、建筑高度、建筑密度及绿地率等控制指标[45]。借鉴国内外老年社区建设经验，互助型老年社区最佳容积率应在 0.7 ~ 1.5 之间，老年建筑高度，建议以底层、多层为主，小于 20m，建筑密度控制在 25% ~ 35%。此外，由于老年人生理机能上对环境变化的反应更敏感，互助型老年社区对居住环境提出了更高的要求。

（3）互助型居住单元

1）互助型居住单元模式

①发展理念

相对于一般意义上的养老建筑，互助型居住单元在空间上更趋于小型化、适老化，不仅强调对老年人基本需求的考虑，更注重老年人公共交往等精神需求，利用圈层共性文化营造一种“家”的感觉，在情感上给老人归属感。

②空间组织

互助型居住单元的最大特点是强调公共空间的利用，提高老年人相互交流、相互参与的机会，给老人提供一个互帮互助的平台，实现老年人与老年人之间的互助，在老年遇到困难时，能够及时地解决。所谓“互助”就是要实现全体社会成员间的关爱和互相帮助，包括老年人与老年人、老年人与其他年龄阶层的人。如何通过建筑内部设计的特点和公共空间的组织实现全龄互助，满足不同年龄阶层人们的需求，发挥每一位活力老人作为志愿者的主观能动性，是互助型居住单元空间构建的关键。

③构建原则

互助型居住单元的构建是由多个独立的空间模块自由组合而成，组合依照

“互助”这个概念展开，每个居住单元划分为互助交往空间模块、居住空间模块、护理服务空间模块三个部分。互助交往空间模块适宜配置公共的客厅、餐厅、活动室、多功能室和厨房等功能用房；居住空间模块宜成组布置，每组包括4 ~ 6个南向、带独立卫浴的居室，保证所有的居住模块都有最好的朝向和良好的私密性，居室建筑面积宜为32m^{2}以上；护理服务空间模块适宜配置护理室、医疗室、服务室等功能用房。

本文根据不同年龄阶层的老人活动能力将老人分为三个阶段，并针对每个阶段老人的需求，结合互助型居住单元分别进行不同的空间组织，即：互助型住宅、互助型公寓和互助型护理院。其中，互助型住宅、互助型公寓内也可以引入中青年人阶层入住，实现老年人与中青年人之间的互助。中青年人也从老年人这里获得丰富的经验。老年人能为中青年人尽到饮食、交流、教育，甚至照看孩子等方面的责任，中青年人能够对老年人尽到护理职责，达到互帮互助的初衷。这种形式的互助单元可以兼顾父母与子女共同居住在同一楼层。

2）互助型居住单元模式应用

①互助型住宅

互助型住宅主要接纳一些处于退休边缘或刚刚退休的老人，为其提供一个由社会生活向退休生活过渡的生活场所。这类老人往往身体和精神状况良好，具有旺盛的精力和体力，因此他们注重了与同龄人之间的交往——往往是居住在同一社区内的人员一起进行日常社交、活动和出游。

互助型住宅的互助交往空间模块适宜配置公共的客厅、餐厅、厨房、活动室等功能用房；互助型住宅的居住空间模块宜配置4–6个南向、带独立卫生间和独立厨房的居室组成一个互助单元。其中，独立厨房配置小冰箱、炉灶、洗涤池等设施。互助型住宅的护理服务空间模块适宜配置护理室和服务室等功能用房，每个互助单元还配有一个家政服务人员负责老年人的餐饮、购物等一些简单的后勤服务。

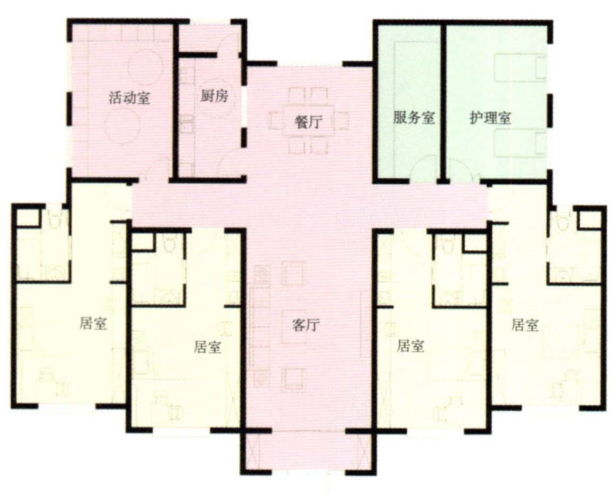

图4–3　互助型住宅示意图（资料来源：作者自绘）

②互助型公寓

主要的研究对象为年龄在65 ~ 75岁之间的老人，这种老人在生活精力和活动能力等方面都有所下降，很多老人可能在身体上还会表现为不适。这个时候老年人往往需要更多的交流，排除内心的孤寂。由于此类互助单元对公共空间的要求较高，同时此类互助单元提供的公共服务设施也较为多样，考虑到老年人的行动不便，室内与室外公共空间尽可能采用流线简洁的空间组织模式。

互助型公寓中的互助交往空间模块宜配置公共的客厅、餐厅、厨房、活动室等功能用房，老人们可以在一起用餐、娱乐和交流，更容易营造一种家庭氛围，彼此增进感情；互助型公寓的居住空间模块宜配置 2 ~ 3 组即 8 ~ 18 个南向、带独立卫生间和独立厨房的居室，其中，老年人居室为南向，北向居室可供年轻人居住；独立厨房配置小冰箱、炉灶、洗涤池等设施；互助型公寓的护理服务空间模块宜配置包括护理室、服务室等功能用房。

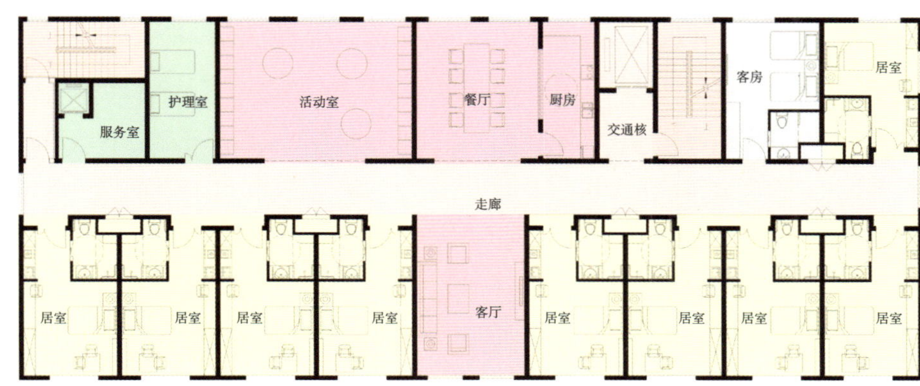

图 4-4　互助型公寓示意图（资料来源：作者自绘）

③互助型护理院

护理型互助单元一般接纳失去自理能力的老人，这类老人一般行动不便，不仅要提供一般的公共空间，更要配备精细化的护理与医疗设施以及服务人员必要的办公空间。互助型护理院的互助交往空间模块包括公共的活动室和庭院；互助型护理院的居住空间模块宜布置 3 组即 12 ~ 18 个南向、带独立卫生间的居室；互助型护理院的护理服务空间模块包括医疗室、护理室、服务室、助浴间等。

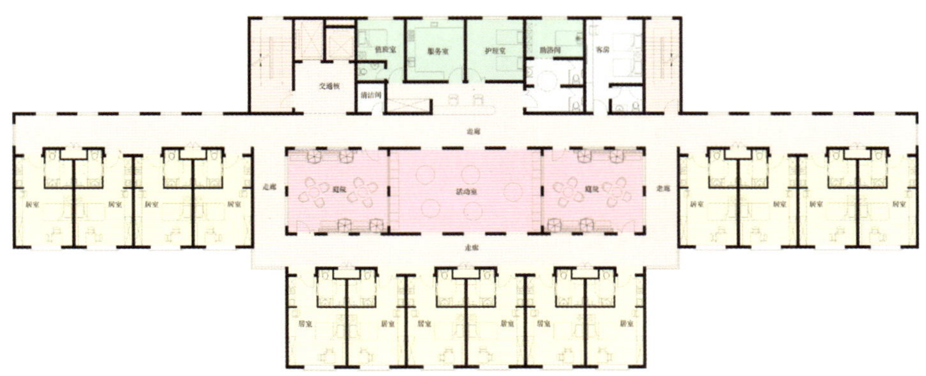

图 4-5　互助型护理院示意图（资料来源：作者自绘）

4.3.3 阿尔茨海默症康复花园景观设计

康复花园是老年宜居城镇重要的互助交往空间。阿尔茨海默症是继心血管疾病、恶性肿瘤、脑卒中后的第四大老年人“健康杀手”，且呈多发趋势，将逐渐成为不可忽视的社会问题。面对我国日益突出的老龄化问题，养老设施的构建尤为重要，而作为养老设施的重要组成部分，康复景观的打造是对传统医疗、养老康复模式的积极补充，对改善老年痴呆患者行为和生活自理能力方面都有积极意义。因此，关于阿尔茨海默症康复花园景观设计的相关探析非常必要。

康复花园在20世纪晚期被提出后越来越受到人们的重视。卡尔金斯（Calkins）于1988年在《阿尔茨海默症患者居住环境设计》[46]一文中第一次提出了针对阿尔茨海默症患者康复花园的设计指导方法，包括根据患者认知功能状况进行简易道路系统分析、出于安全考虑的围栏设计、引导性的标识设计等。之后，瑞士建筑师鲁道夫·维尔特根据空间安排模型进行模式类型总结，打造清楚且易于理解的空间环境[47]。2009年，马库斯（Marcus）发表的《景观设计：专类康复花园》详细介绍了包括阿尔茨海默症患者康复花园在内的几种类型康复花园的设计原则，强调良好的室外环境和栽植、维护、修缮植物等行为的确能够提高患者的自信心和满足感，并且在短时间内忘却烦恼，转移注意力，稳定病情，并呼吁深入研究专类康复花园设计[48]。

（1）案例借鉴

1）赛奇伍德·康芒斯康复花园

赛奇伍德·康芒斯康复花园[49]分为霍桑花园、朗费罗花园和默蕾花园三个部分，其目标人群分别为早期、中期和晚期的阿尔茨海默症患者。三个花园针对患者相应阶段的心理及行为需求进行设计。

霍桑花园为初期阿尔茨海默症患者设计，采用最适合其认知水平的新英格兰式景观风格。全园的视野比较通透，方便看护人员对患者的照看，其主要景观要素主要包括：园艺种植设施、休息设施、篮球场、眺望台、晾衣绳和旗帜等触发记忆的设施及设置得相对隐蔽的挑战性路线等。

朗费罗花园为中期阿尔茨海默症患者设计，采用修道院式景观风格。规整有序的道路游线视线通透，中心焦点突出。其主要景观要素包括：廊架、无障碍设施平台、散步道等。

默蕾花园为晚期阿尔茨海默症患者设计，采用日式景观风格。花园中的日式要素主要有老树、草坡、枯山水等。花园内合理的空间尺度和蜿蜒的道路也起到了镇静舒缓的作用。

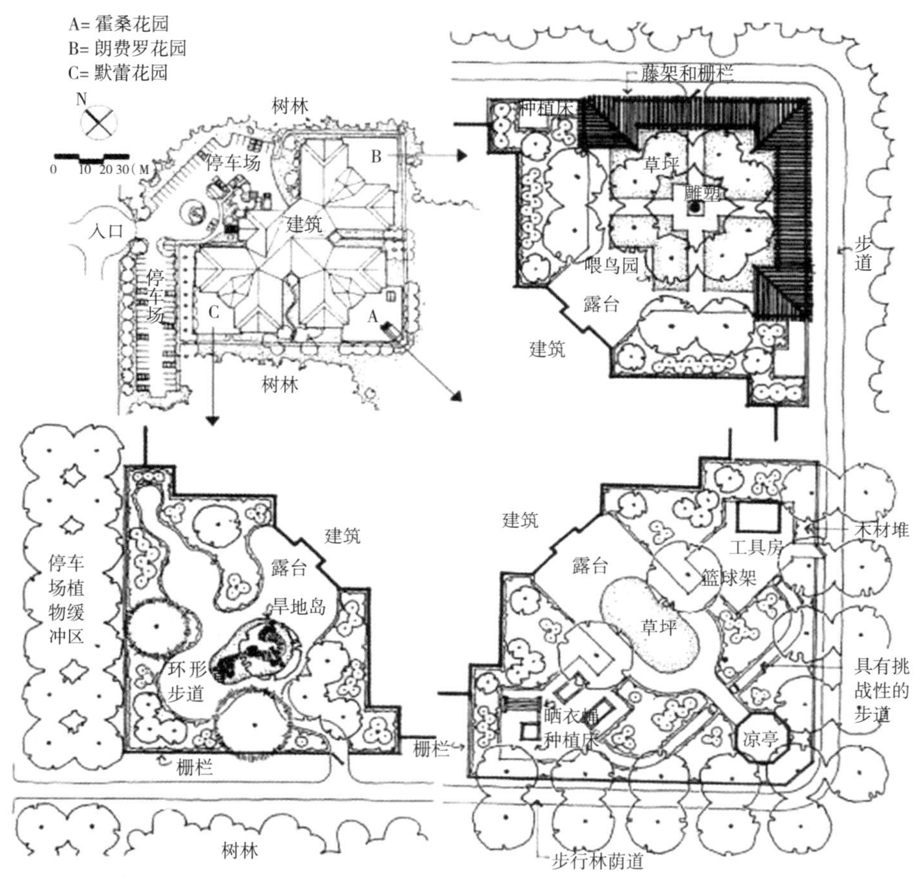

图 4-6 赛奇伍德·康芒斯康复花园总平面图及各园平面图 [50]（资料来源：参考文献 50）

2）索菲娅·路易斯·德布里奇韦格康复花园

索菲娅·路易斯·德布里奇韦格康复花园为康复景观学者玛莎泰森（Martha Tyson）设计，庭园面积约为 2023m^2，分为主庭园区和工作花园区两大区域。

主庭园区为老人散步、观赏花园、亲近自然等活动提供较为开敞的室外环境。花园的整体布局简单易懂，采用“8”字形的道路布局，主路宽 1.8m，形成总长约 90m 的环路，材质为着色混凝土可防眩光，中部的捷径采用砖铺砌，为徘徊的老人提供额外的选择。园路沿途提供了一系列的标志物，强化了老人的印象，有助于其空间定位。主庭园的景观要素主要包括：草坪、散步路、多年生花卉种植区、凉亭、小瀑布和水池以及各式各样可供坐下休息的地点。

工作花园区主要提供园艺操作活动场地、室内外过渡坐息空间等内容。工作花园有很多与园艺活动相关的设计，包括抬升花床、遮阴廊架、容器摆放区、水槽、工具棚、苹果园、蝴蝶花园等。

3）伊丽莎白和诺娜·埃文斯康复花园[52-53]

伊丽莎白和诺娜·埃文斯康复花园位于美国俄亥俄州克利夫兰市植物园内，强调自然环境对人类的康复作用，旨在为行动障碍、老年痴呆康复等特殊人群提供一种亲近自然的方式。花园由三个区域组成：沉思区、探索区、园艺

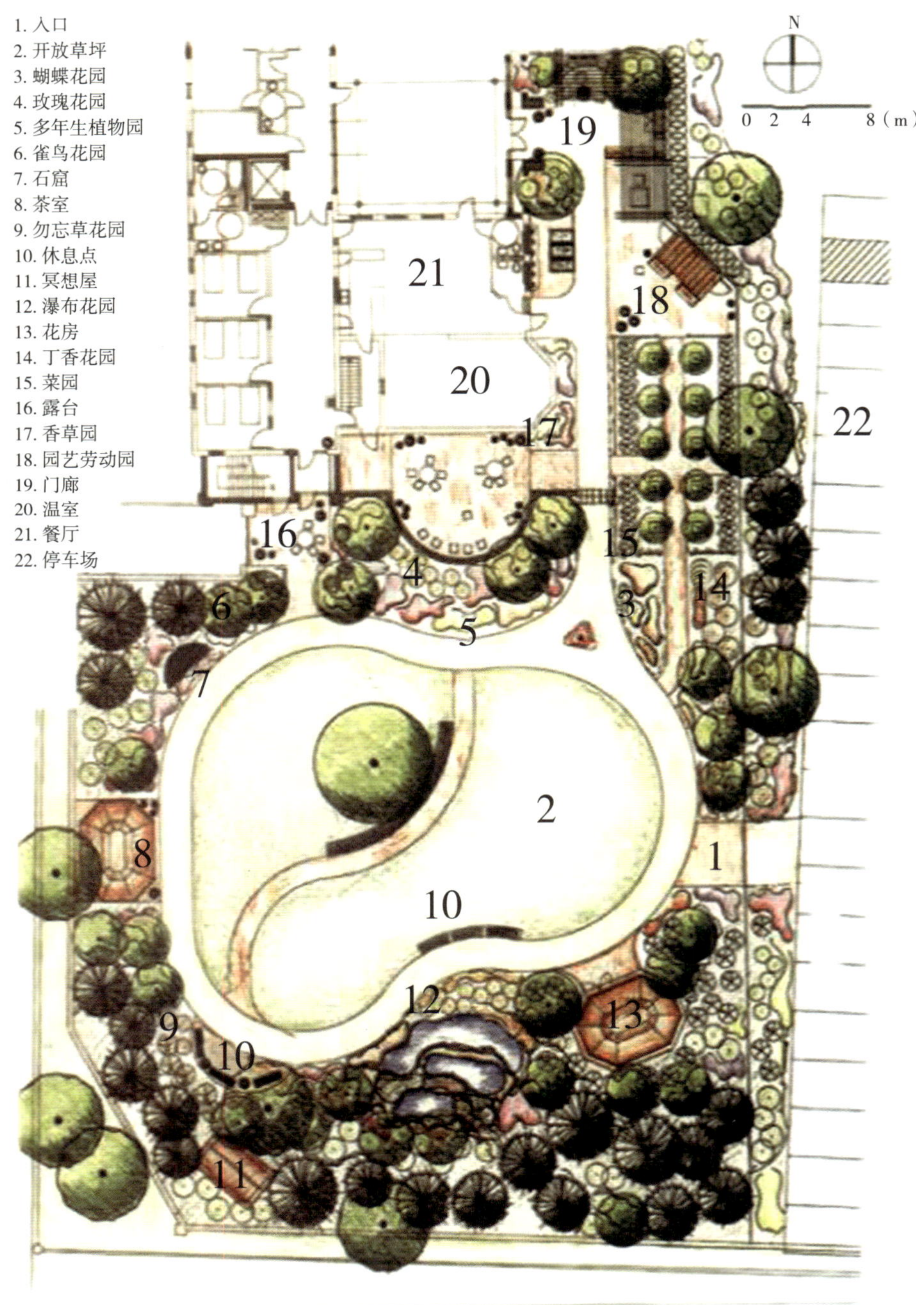

图 4-7 索菲娅·路易斯·德布里奇韦格康复花园平面图[51]（资料来源：参考文献 51）

疗法区。每个区都特色鲜明，人们可以在不同的区域开展不同内容的活动。

沉思区适合游人安静地休息，空间简单、雅致，与植物园的图书馆相邻，主要景观元素包括水景墙、草坪、爬满藤蔓植物的石墙等内容。

学习探索区适于单个游客或大批游客，被高高的石墙围合。石墙是用产自当地的石块所筑，是锻炼人们触觉、嗅觉和听觉功能的“医疗设施”。极具趣味性的水池内覆满苔藓，石块间不断冒出的一个个水泡构成该区域的主要景观。

园艺疗法区为各种需要帮助的人提供园艺治疗，如脑瘫患者、阿尔茨海默症患者、视力障碍的人等。区域内光线充足、宽敞开阔、色彩绚丽、植被丰富，感官刺激效应尤为突出，为游人和轮椅使用者提供相同的感受自然的机会。

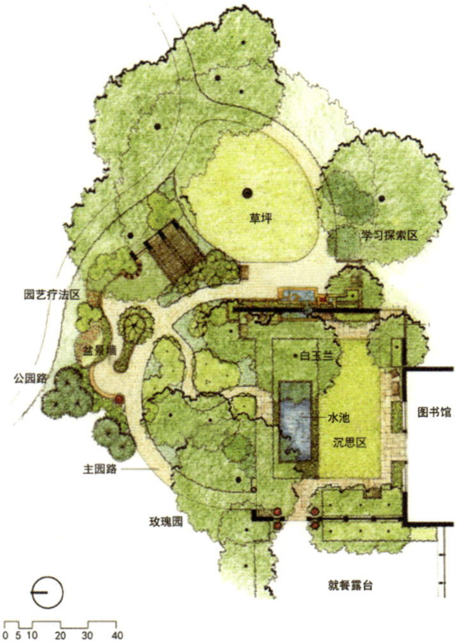

图 4-8　伊丽莎白和诺娜·埃文斯康复花园平面图 [54]（资料来源：参考文献 54）

（2）相关分析

1）基于心理及行为需求的景观设计途径分析 [55]

基于阿尔茨海默症人群不同阶段的心理及行为需求，结合相应阶段的情感需求设计出适合阿尔茨海默症人群的基本景观途径。

不同阶段阿尔茨海默症人群的心理及行为需求分析（资料来源：参考文献 55）　表 4-1

阶段	认知水平	心理及行为需求
初期	相当于 14 岁以上少年	参加各种康体健身活动、园艺活动及社交活动甚至是挑战自我的需求
中期	相当于 8 ~ 13 岁少年	康体健身、做以往熟悉的事情、参加园艺活动需求
晚期	相当于 7 岁以下儿童	沉思、慢慢散步、徘徊的需求

不同阶段阿尔茨海默症人群的景观设计途径分析（资料来源：参考文献 55）　表 4-2

阶段	情感目标	设计途径
初期	探索和自我控制	多设置一些活动空间，尤其是具有挑战性的活动空间。设计抬高的花台，满足即使是坐在轮椅上的患者也可以开展园艺活动的需求，增加感官刺激
中期	从不独立向独立转变	花园用高大树篱围护，设置环形的道路，避免患者走失；设置沿途标志物等具有记忆引导的设施，来引导患者行走。多选用一些常见的设施，引发患者往日回忆，且加强感官刺激
晚期	安全、平静	以静景为主，使患者的心情能平静下来，且有安全感；注重感官刺激，设计上简洁明了，不引起困惑，种植无毒、无刺植物

2）具有感官刺激和疗愈作用的植物配置分析

阿尔茨海默症老年人对语言文字理解能力缺失，但仍拥有嗅、触、听觉，利用多种感官刺激，特别是通过刺激嗅、触、听觉的植物配置，对阿尔茨海默症老年人有一定的疗愈作用，如：蓝色或者蓝紫色搭配黄色视觉刺激[56]，反映自然声响的声音刺激，花香、果香和叶香植物嗅觉刺激，有特殊质地、纹理和耐触摸的植物的触感刺激及可食用植物的味觉刺激。

基于人体五感刺激和疗愈作用的植物配置表（资料来源：作者整理） 表 4-3

人体五感	类型	作用	植物
视觉	蓝	使人舒适、增强安全感	鸢尾、桔梗、荷兰菊、蓝花鼠尾草、薰衣草、蓝雪花、蓝色牵牛花、翠雀、迷迭香、睡莲、蓝花楹等
	蓝紫	使人安静、放松心情	木槿、矢车菊、梭鱼草、紫荆、香水草、风信子、藿香蓟、三色堇、紫花地丁、六倍利、紫薇等
	黄	提高注意力、缓解神经	银杏、金丝桃、含笑、桂花、腊梅、金银花、迎春、油菜花、米兰、棣棠、月见草、蕙兰、金盏菊、金丝梅等
	绿	消除紧张、缓解视力	香樟、蝴蝶槐、罗汉松、冬青、丁香、合欢、金银木、女贞、七叶树、海桐、水杉、瓜子黄杨、绿萝、吊兰等
听觉	吸引鸟类的植物	（产生筑巢、停息、鸣叫等行为活动）吸引人们注意力	朴树、无花果、樱桃、桑树、葡萄、苦楝等
	吸引昆虫的植物		茉莉、油菜花、栀子花、薰衣草、紫藤、樱花、米兰、牡丹等
	在风中叶子会发出声响的植物	（发出自然微妙的声响）吸引人们注意力	杨树、芒草、南天竹、紫竹等
嗅觉	浓香型	心旷心怡、豁然开朗	白兰花、玫瑰、牡丹、紫丁香等
	甜香型	心情愉悦、增强食欲	桂花、百合等
	淡香型	平缓心情	月季、玉兰、香蜂草等
	清香型	镇痛、镇静	茉莉、荷花、栀子花、薄荷等
	幽香型	凝神、安眠	兰花、薰衣草、含笑等
触觉	粗质型	引起心理共鸣	火炬树、凤尾兰、核桃、广玉兰、木棉、向日葵、木槿、玉簪、女贞等
	中质型		香樟、蝴蝶槐、冬青、海桐、栀子花等
	细质型		合欢、榉树、鸡爪槭、馒头柳、地肤、石竹、野牛草、结缕草等
味觉	配料、调料		牛至、罗勒、鼠尾草、迷迭香、百里香等
	食材		艾草、鼠尾草叶、罗勒叶片、紫苏、薄荷、香蜂花、百合、香荆芥、香身草、百里香、薰衣草等
	药材		薰衣草茶、鼠尾草茶、紫苏、薄荷、迷迭香等

（3）景观设计

1）设计原则

在一般景观安全性、舒适性、多样性等设计原则的基础上，结合阿尔茨海默症老人特殊的身体状况、行为特征和认知能力，突出阿尔茨海默症康复花园的适应性、疗愈性设计。

安全性：阿尔茨海默症造成老人失用症状，活动能力下降，身体状况脆弱，需要安全的空间环境保障，如打造无障碍空间环境设计。

舒适性：以人为本、尺度宜人的康复花园空间环境设计是失智老人生活质量的基本保证，对病症也产生缓解作用。

多样性：为满足使用者的多样需求，需要打造多样的交往空间和活动内容，促进人们在活动中放松精神、舒缓情绪、增进交流。

适应性：针对阿尔茨海默症老人特殊的身心状况采用适应性设计，使环境更符合其需要，需打造布局简明、全局可见、易于识别的无障碍景观空间。

疗愈性：通过某些景观设计手段，能够促进阿尔茨海默症老人的身心健康并且缓解其认知能力的衰退，充分发挥景观的益康作用。诸如划定一定的园艺疗法场地，休憩交往场地，通过植物搭配产生感官刺激。

2）设计策略

在条件允许情况下，康复花园的功能分区可根据阿尔茨海默症不同阶段活动能力设计病人的专属庭园，从而获得更好地适应和治疗效果。单个花园可根据患者的活动能力、多样需求和空间开放程度将康复花园划分为公共交流区、园艺活动区、安静休息区，初期患者的花园可增设一定的探索挑战区，也可结合公共交流区划定部分场地作为园艺疗法场地。如果花园是面向公众的，可以划出一定的阿尔茨海默症康复景观区域。

在交通组织方面，向患者提供安全、简洁、无障碍园路系统，围绕园路适当布置一定对患者有记忆引导作用的标示性提示物和高密度、多样性休憩设施，满足患者最大程度地体验自由的出行和心理需求。

景观绿化上，一方面通过景观要素配置适当进行感官刺激，另一方面通过相应的设计使失去活动能力的患者与正常人有同等使用效果。可采用患者熟悉的植物和材质，创造熟悉的环境，唤起阿尔茨海默症老人早期记忆，同时也可通过细致的植物搭配产生感官刺激，如考虑采用色彩鲜艳的绿色植物和花卉、沁人心脾的芳香植物、引鸟植物和禾本植物产生的愉悦声响、不同质感的植物叶片和流水等令失智老人快乐的元素，以产生感官刺激，产生积极的情绪，使身心放松。此外，适当配置一定比例的抬高花床、抬高水景等景观设施，满足轮椅使用老人的活动需求。

此外，在设施配置方面，考虑患者的活动能力和多样需求，可适当提高休憩设施的布置密度和多样性，同时，配套一定的健身设施。在适当位置配置环卫设施，标识设施和照明设施的配置也要考虑对患者的适应性。

3）设计要点

本文充分考虑使用者特点和需求，在相关资料整理[57-61]分析的基础上，结合设计策略进一步结合康复花园景观要素提出设计要点。

阿尔茨海默症康复花园设计要点（资料来源：作者根据参考文献55～61整理） **表4-4**

类型		设计要点
道路铺装	规模	硬化路面面积不超过花园面积的1/3
	出入口	出入口宜设置一个，设计要醒目且具有标示性，可采用鲜明颜色或者醒目造型，使其成为地标，出入口的宽度至少要在1.2m以上；出入口周围要有1.5m见方以上的水平空间，供轮椅转弯或停留
	园路	根据阿尔茨海默症老年人活动能力的不同，提供不同长度和难易程度的老年步行环路选择，园路应采用简洁易于辨识的环状或8字形且没有断头路的道路布置方式，道路设计应满足无障碍通行要求，道路上不应有台阶，有些园路要设扶手； 环状道路之间有便于返回的捷径，道路交叉应呈90°，以避免容易产生认知混乱的锐角，最好采用不同的材质以示区别，便于失智老人进行明确的选择； 轮椅通过的园路宽度要大于1.5m，轮椅交错通过的园路宽应大于1.8m；单人通行路、坡道宽是1.2m
	铺装	道路的铺装接缝处平滑无缝，材质平整防滑且不反光刺眼。
绿化种植	绿化种植	早期的患者可参与园艺疗法活动，可选择不同质地、色彩的植物材料，增加感官刺激。栽种落叶树木和时令花卉可使花园景观随季节而变换，以庭园的四季变化使患者增加对季节的导向能力。选择具有中国文化色彩的芳香植物，勾起长者对往事的回忆。 中期患者较喜欢游走，患者往往容易走失，花园需要高大的树篱围护，栽种触觉刺激的植物于墙面或抬高花池边。除了地面和墙面外，吊兰能提供全方位的视觉效果，栽植诸如垂吊矮牵牛、球根海棠、猪笼草等植物。 晚期患者活动能力减退，可参与被动性的园艺疗法活动，注重感官刺激。栽种色彩缤纷的时花，增加视觉刺激。避免选择有毒、有刺的危险植物
	园艺种植设施	为轮椅老年人、关节炎患者和腰背不好的老年人提供一定的抬高花床、浅盘种植床：抬高花床一般为60cm和90cm两种高度；浅盘式种植床的设计需要提供几种不同的高度，浅盘的下部是空的，为乘坐轮椅的人提供空间；此外，设置一定数量的可移动花池、花园装饰物及其他独立的构筑物，根据老年人喜好改变景观布局
景观设施	水景	流动的水可产生负氧离子，有益身心健康，设计宜增加喷泉和跌水水景设计。旱地喷泉应标注其区位，地面材料应遇水不滑；喷水前，应有音响或灯光提示，水柱应缓慢增大。提高沙池和水池的高度，水池和园艺疗法台设置扶手及抓握工具
	景观小品（沿途标志物）	沿园路应设计地标、标记物或有趣的小景来帮助其进行空间定位，也便于护理人员和家属来计算老人行走的距离。庭园中常采用的标志物包括：水景、小雕塑、鲜艳的花卉等
	健身设施	健身器械区需提供一定数量适合老年人使用的器械，并提供明显的使用说明，健身器材区铺地宜采用软质橡胶铺地，防止老人的意外跌伤

续表

类型		设计要点
景观设施	休息设施	场地布局应结合城市季风，符合当地气候特点，提供相应的遮阴、遮阳、防晒条件，如设置花架、凉亭等具有遮阴功能的休息设施；尽量创造老年人交往的围合空间，可利用低层建筑、植被、设施对场地活动空间进行围合，如树阵、花坛。步行道的两侧应设置休憩设施，应该相对高频率地设置休息座椅，每隔 4.5m 左右最好有一处。应为失智老人提供座椅的可选择性，增加其掌控感，例如既有固定座椅又有可移动式座椅，既有处于阴凉处的座椅又有可供晒太阳的座椅，既有独处的休息环境又有成组的座椅布置，可容纳家庭聚会，老人间交谈等活动。座椅应采用舒适的材质和设计，尽量避免金属和石质座椅，座椅应带扶手和舒适的靠背，以便老人能够借力起身。在场地条件允许的情况下，可以考虑增设适老棋牌桌，或对现有棋牌桌进行一定改造，提供至少一侧的活动座椅，为轮椅老年人提供参与的机会；桌面距离地面高度不应超过 80cm，桌面下缘不低于 65cm
	环卫设施	失智老人与大多数老人一样，有小便失禁问题，应在康复花园出入口附近设置公共厕所
	标识设施	考虑老年人视觉退化的特点，利用色彩图形等强化信息的识别性；内容与图形与背景应有强烈的对比；标识应增加夜间照明，材料应采用漫反射材质，避免眩光刺激；同时考虑使用轮椅的老年人视线要求，标志板的高度一般设置在 700 厘米至 1600 厘米的高度，要设置在容易看到的地方，避免异物遮挡；在条件允许时可增加标识设施的声音及触觉感应，如增加盲文标志设计
	照明设施	照明设施应确保有充分的亮度，避免灯光直接射入眼睛

此外，对痴呆症康复花园设计实践，发达国家走在前列，国内则相对滞后，对失智老年人的照护和环境营造还未引起足够重视，在城市公共空间更是缺失，未来阿尔茨海默症康复景观的打造，应注重提升公众参与性，先设置区域试点，逐渐延伸扩大至公共空间设计中；注重与中国传统文化的结合，建设有中国特色的康复花园；注重不同文化背景、不同地域的差异性设计。

4.4 养老服务设施体系

“互助养老”是对“居家—社区—机构”现有社会养老服务体系[62]的补充和完善，是解决我国城乡养老问题的理性选择[63]。基于“互助养老”模式下的互助型老年宜居城镇养老设施体系构建是对中国特色社会养老服务体系的推进。

然而，目前我国缺少关于“互助养老”模式下养老服务体系构建的相关研究，且现有社会养老服务体系存在一定的问题：主要表现在我国的养老服务体系建设严重滞后于经济社会发展，滞后于老年群体的养老服务需求；居家养老与机构住养服务严重失衡；农村养老服务业严重滞后；养老服务领域专业护理人员严重短缺；缺乏统一的建设标准和规划整合；配套政策不健全，设施建设缺乏合理引导和监督[64-65]。面对社会和家庭带来的养老压力和日益增长的养老需求，加快发展多元养老设施具有一定的紧迫性和重要的现实意义。

完善的养老服务设施配置是互助型老年宜居城镇发展的关键，也是互助空间打造的重要内容，养老服务设施规划和体系建设刻不容缓。互助型老年宜居城镇是以“养老”为主题功能的城镇，对养老设施的需求更为紧迫，需要更科学、完善的养老服务设施体系作为支撑。因此，互助型老年宜居城镇养老服务体系的构建对推动自身发展和示范建设显得尤为重要。

国务院办公厅印发的《社会养老服务体系建设规划（2011 ~ 2015 年）》指出我国的社会养老服务体系主要由居家养老、社区养老和机构养老等三个部分有机构成，养老服务设施包括日间照料中心、老年养护机构和其他类型的养老机构。广义的养老服务设施体系包括了机构、社区和居家养老服务设施、为老服务设施以及老年社区三大类。

4.4.1　构建思路

互助型老年宜居城镇养老服务设施体系的构建，需要统筹城乡发展、统筹考虑外来人口和本地各类老年人口需求，结合我国相关规范标准、当地发展情况、老龄化特征及发展目标要求，以老年人的行为尺度为指导进行构建，宜突出其系统性，分“镇级—社区级（村级）—组团级”三级构建；突出其适老性，以老年人的行为尺度指导养老服务设施布局；突出其互助性，引入互助型公共空间的概念，对现有设施体系的完善和提升；突出其创新性，结合养老服务需求配置医疗、护理、急救设施，特别是对高、病、残、痴人员进行特殊照料，并充分考虑老年人的多元需求来配置特色为老服务设施。

（1）系统性

统筹城乡发展，逐级、均等配置公共服务设施。养老服务设施体系的构建既要与“市级—片区级—街道级（镇级）”城市养老服务设施体系做好衔接，又要与现行居住区规划规范做好衔接，完善组团级、村级老年人设施配建，结合互助型老年宜居城镇现有空间体系分为“镇级—社区级（村级）—组团级”三级，对城乡养老设施进行均等化配置。重视农村养老服务设施建设，在农村配置敬老院、老年进修班、文化活动站等村级养老服务设施，形成城乡全覆盖的养老服务设施体系。

（2）适老性

以老年人的行为尺度构建互助型老年社区、互助型老年组团，指导养老服务设施布局，并重点配置老年专享设施，包括护理院、特殊护理院、老年专科医院、老年大学、老年学校、老年进修班，老年活动中心、老年活动站（农村）、老年公寓等。

（3）互助性

为突出城镇的养老主题功能和养老服务的互助性，对现有社会养老服务体系进行公共空间的互助性提升和完善。

1）对现有社会养老服务体系

a. 居家养老

延长居家养老时间，延长老年人的自理活动时间。一方面，整合现有资源，对现有建筑进行适老空间的改造利用，减轻养老设施建设压力。另一方面，建议引入“互助型住宅”，缓解未来养老压力，创新居住和养老模式，缓解居家养老与机构住养服务严重失衡的问题，满足老年人的多样需求。

b. 社区养老

结合社区和农村建设互助式养老日间照料中心。鼓励志愿养老服务，以农村和社区为单位成立“银龄互助服务社”，实现低龄老人对高龄老人、年轻人对老年人的互助。

c. 机构养老

结合“互助型护理院”、“互助型公寓”等“互助型居住单元”相关研究进行相关养老机构设计，鼓励社会人员、有行动能力的老年人进行参与互助。

2）补充为老服务设施和互助型老年社区

引入“5 分钟生活圈”理念，指导为老服务设施的建设，提升设施适老性和互助性，结合各级中心配置养老服务设施、绿地广场等开放性空间，构建多层次互助空间体系，为老年人提供便捷、舒适、参与度高的互助交往空间平台。并将课题相关研究“互助型居住单元”引入到老年住宅、老年公寓和护理院的设计中，并配套老年服务中心、为老服务综合体，以突出老年社区、老年组团的互助性。

（4）创新性

考虑到老年群体的特殊需求，在“医养结合”的基础上，在城镇层面引入二级急救体系、三级医疗体系、四级护理体系，增加护理院、特殊护理院、护理中心、急救站、急救中心等内容，形成“医护养”相结合、以急救作为积极补充的“医护养 + 急救”新体系，同时，通过细分“医、护、养”的人群需求，有效避免过度占用医疗资源的现象，为保障良好的医患关系，同时极大节约了医疗成本。

医护养、急救体系（资料来源：作者根据参考文献 5 整理） 表 4-5

二级急救体系	三级医疗体系	四级护理体系
急救中心	综合医院、 老年专科医院	特别护理院 护理院
急救站	卫生站	护理中心
——	卫生服务点	日间护理站

4.4.2 构建内容

（1）横向——互助型老年宜居城镇养老服务设施体系包括“机构—社区—居家”养老服务设施、为老服务设施以及老年社区三大类。

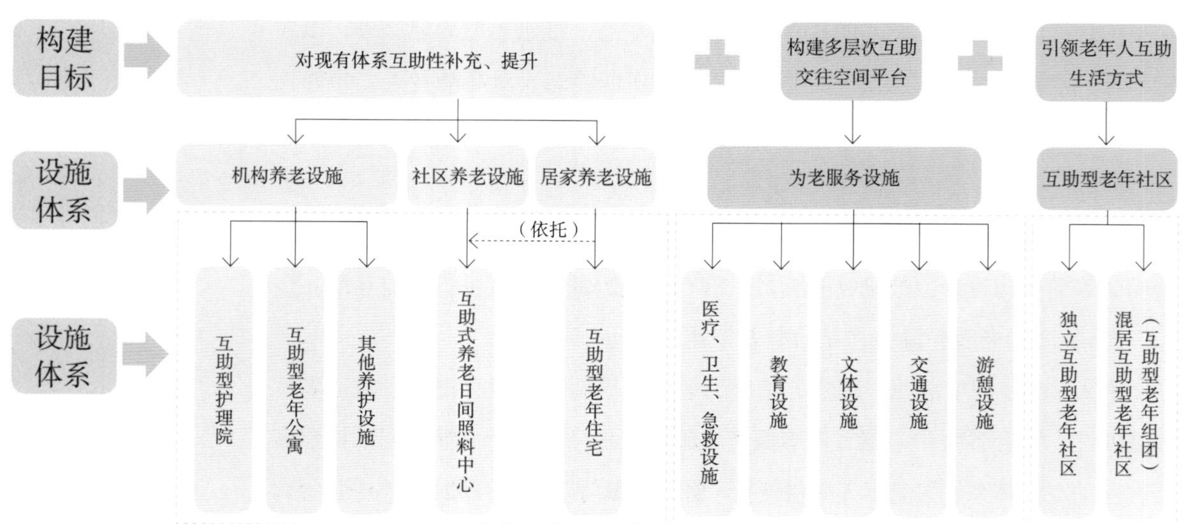

图 4-9 互助型养老城镇养老服务设施体系框架示意图（资料来源：作者根据参考文献 17 整理）

提升和完善后的现有养老服务设施主要包括：养老院、护理院等养、护设施，日间照料中心等。

为老服务设施是指能为老年人提供医疗卫生、体育健身与保健、文化娱乐与再教育活动场所等设施。该类公共设施包括医疗、急救、文化教育、公共游憩、交通设施等内容，其规划和建设应分级布局，考虑设施配建的适老性，对原有的公共服务设施进行改造和完善，注重专享和共享结合，避免重复建设[66]。互助型老年社区分社区、组团两级，互助型老年社区养老服务设施主要集中在为老服务中心，互助型老年组团养老服务设施配置主要集中在为老服务综合体。

互助型老年宜居城镇城乡养老服务设施配置内容

（资料来源：作者根据参考文献 17、65、66 整理） **表 4-6**

分类	传统“居家—社区—机构”服务设施	特色为老服务设施					互助型老年社区
分级	养护设施	医疗卫生设施	急救设施	文化教育设施	公共游憩设施	交通设施	老年社区
城镇	社会福利院	综合医院	急救中心	老年大学	广场	公交站点、无障碍车辆、慢行交通设施等	
	养老院	老年专科医院	——	老年活动中心	镇级公园		
	护理院	——	——	老年服务中心	——		
	特殊护理院	——	——	——	——		
	老年公寓	——	——	——	——		
社区	护理中心	卫生站	急救站	老年学校	社区级小游园		互助型老年社区
	日间照料中心	——	——	老年进修班（农村）	——		
	托老所	——	——	社区老年服务站	——		
	敬老院（农村）	——	——	文化活动站（农村）	——		
组团	护理站	卫生服务点	——	——	组团绿地		互助型老年组团

注：考虑用地的集约性，社区、组团级的养老服务设施宜合建。关于互助型老年社区、互助型老年组团内部的养老服务设施配置，参见表 4-7。

（2）纵向——互助型老年宜居城镇养老设施体系构建宜分三级配置。

镇级：适宜结合镇区中心进行相对集中布置养老设施，形成综合为老服务中心，包括老年社会福利院、护理院、养老院、特殊护理院和老年专科医院、急救中心、老年活动中心、老年服务中心、老年大学、老年公寓。

社区级（村级）：一般居住社区在布局上注意兼顾设施的服务半径与老年人的可达性，适宜布置在社区（村庄）中心，包括日间照料中心、护理中心、卫生站、急救站、老年活动站等设施，日间照料中心与社区托老所可联合设置。老年社区则引入“互助型居住单元”模式，分社区—组团两级构建。

老年社区养老服务设施配置[67]（资料来源：作者根据参考文献 67 整理） 表 4-7

<table>
<tr><th>级别</th><th>等级规模</th><th colspan="2">适宜配建项目类型</th><th>功能</th><th>备注</th></tr>
<tr><td rowspan="5">互助型老年组团</td><td rowspan="5">500 ~ 1000人</td><td colspan="2">为老服务综合体</td><td>为老服务综合体是功能复合化程度较高的公共空间，旨在为老年人提供医疗服务、娱乐餐饮、健康休闲等基本的服务</td><td>为老服务综合体就是将组团中的老年服务设施集中布局在一栋建筑内部</td></tr>
<tr><td rowspan="4">其中</td><td>日间照料中心</td><td>接待老年人托管服务的养老服务场所，设有起居生活、文化娱乐等多种功能</td><td rowspan="4">为老服务综合体就是将组团中的老年服务设施集中布局在一栋建筑内部</td></tr>
<tr><td>老年娱乐中心</td><td>为老年人提供综合性文化娱乐服务的场所</td></tr>
<tr><td>家政服务中心</td><td>为老人提供上门服务的后勤机构</td></tr>
<tr><td>卫生服务点</td><td>基础医疗服务点，为老人提供简单的检查</td></tr>
<tr><td rowspan="7">互助型老年社区</td><td rowspan="7">5000 ~ 8000人</td><td colspan="2">为老服务中心</td><td>为老服务中心是整个社区的公共服务核心区，重点布局老年服务设施</td><td rowspan="7">规划时应考虑到服务半径，位置适中</td></tr>
<tr><td rowspan="6">其中</td><td>老年大学</td><td>为老年人提供继续学习和交流的专门机构和场所</td></tr>
<tr><td>护理院</td><td>生活护理、餐饮服务、医疗保健、康复用房</td></tr>
<tr><td>特护医院</td><td>针对高、病、残、痴的特殊护理医院</td></tr>
<tr><td>急救中心</td><td>快速急救服务平台</td></tr>
<tr><td>体检中心</td><td>定期为老年人身体检查</td></tr>
<tr><td>社区公园</td><td>老年人室外活动锻炼、日常公共活动集散场地</td></tr>
</table>

注：统筹考虑区域养老服务设施布局，避免重复建设，同时兼顾社区养老服务设施的开放性。

组团级：一般居住组团养老服务设施在布局上考虑与其他公共服务设施合建，主要配置卫生服务点、护理站等设施。互助型老年组团则结合为老服务综合体进行配建，宜分布在组团中心的一栋建筑内部。

4.4.3 养老服务设施指标配置建议

（1）指标配置内容

为更好地指导养老服务设施的落地，规范养老服务设施的建设，进一步探讨设施指标配置内容。

从目前发达地区养老服务设施的规划实践经验来看，养护设施的规划设置均参考了已有规范标准制定，主要以最小规模（建筑和用地）、单位床位面积（建筑和用地）、最少床位数、设施配置数量等为基本指标。为老服务设施主要以最小建设规模（建筑和用地）、最小人均建设规模、设施配置数量等为基本指标。互助型老年社区主要包括设施规模、设施服务半径等指标。

（2）指标配置建议

养老设施指标配置在参考现有标准、规范及发达地区养老服务设施经验的基础上，结合课题相关研究成果进行互助性补充修正，进一步引导老年人的互助交往方式。养老设施的指标配置和修正是一个动态的过程，应根据不同老龄化程度下，从不同地区老年人对养老设施的需求出发，在区域层面进行统一配置，分期建设，最终完成深重度老龄化下的指标配置。未来的养老模式是多样化的，设施标准也应该是灵活、充满弹性的。

4.4.4 养老服务设施规划布局策略

基于体系构建、指标配置内容，结合其规划布局策略，指导实际项目空间布局。

资源整合，共建共享：养老设施布局应充分考虑老年人的生理、心理与行动特征，对现有社区进行适老化改造，如无障碍设施改造，并充分利用城镇现有闲置资源，如对幼儿园、社区用房等进行改造为日间照料中心等，也可结合实际情况，与现有为老服务设施进行合建，打造为老服务综合体，满足老年的多元需求。

统一规划，分期实施：根据自身实际情况编制养老服务设施专项规划，并结合国民经济和社会发展规划、城乡规划等内容进行统一规划，加强前瞻性规划和安排，推动养老设施的落地。

适宜评价，信息管理：结合信息化技术手段进行布局。采用信息化管理的手段，并选择 GIS 空间分析与层次分析法相结合的方法，以社会调查为基础，以影响养老设施布局的诸多因子进行分析，借助 GIS 在空间上进行因子加权叠加。对养老服务设施的用地选址与设施布局展进行空间适宜性评价。

4.5 投资、开发与运营模式

互助型老年宜居城镇的建设在投资主体与运营管理主体上可以划分为：在投资主体上，一类是政府，另一类是企业；在运营主体上，一类是投资者自行运营与管理，另一类是委托专业化机构运营管理。为保障整个城镇的有序开发建设，提高城镇运营效率，老年宜居城镇的总体开发建设、投资与运营管理方面，应采取“整体规划、分步实施”和“大分散、小集中”的开发模式、“政府投资与企业投资相结合、以企业投资为主”的投资模式，以及“企业化、市场化运营相结合、以市场化运营为主”的运营模式。

互助型老年宜居城镇的建设主体主要包括养老设施、养老机构、城镇基础设施、配套产业等四部分构成，本段对养老设施及养老机构的投融资模式进行重点分析。养老设施包括福利性设施、政策性养老设施、商业性养老设施。福利性养老设施通过公共融资来弥补成本，只是按照弥补成本实施途径的不同；政策型养老设施则通过政府对养老设施土地、税收以及金融等方面给予适当支撑，积极通过红十字会等一些非营利组织，进行志愿性社会融资运行；商业性养老设施一般采用不同的盈利模式，包括出售、出租多种模式。通过引进一些实力强、资金雄厚的企业，对重点商业设施开发建设。相对于资本密集的养老设施，养老机构投入更多的人力资本，更需管理创新，加强与国内外养老机构的交流，专业养老机构应采用股份合作模式，引进养老设施投资者、医疗健康管理机构和养老基金等战略投资者。

在项目开发上，采用“整体规划、分步实施”和“大分散、小集中”的开发模式。从未来长远发展需要出发，先行对城镇各功能区和市政公用设施尤其是地下设施与管网进行超前性的总体规划和控制性详细规划，然后按照总体规划和控制性详细规划进行分步建设和实施，建设过程中不得违背总体规划的强制性内容，通过“整体规划、分步实施”，保证城市有序建设和发展。在进行总体规划和分步实施中，需根据老年宜居城镇环境优美、老年人“宜居”的要求，各功能区要间隔一定距离，相对分散布局，不能像一般经济功能型城市那样紧凑、高密度布局，即“大分散”;同时，相关联的企业和设施要集中到一起，形成一个类似于产业园的功能区，使功能区内的各企业和产业以及基础设施与公共设施通过产业园式的集中、集聚，形成规模效益、互补耦合效应和设施共建共享，即“小集中”。在城镇总体规划要求下，通过“大分散、小集中”的园区式开发建设，逐步推进各功能区的独立开发与建设，使各功能区尽快形成发展规模和对老年宜居城镇的支撑能力，促进老年宜居城镇相关设施和产业的健康、有序发展。

在项目运营上，互助型老年宜居城镇养老服务设施及养老地产项目可采取“出售与持有相结合”的运营模式。对于养老服务设施与养老地产这类竞争性领域的项目和设施，可采取自建自营的持有经营模式（“只租不售”模式）、全部出售模式、“出售＋持有”相结合的模式、会员管理制模式，委托运营模式等进行运营管理。

4.6 智慧城镇建设措施[68–69]

老年互助型宜居城镇智慧环境建设，主要涉及智慧养老、智慧医疗、智慧交通、智慧产业、智慧能源、智慧环保、智慧公共服务等七个方面。

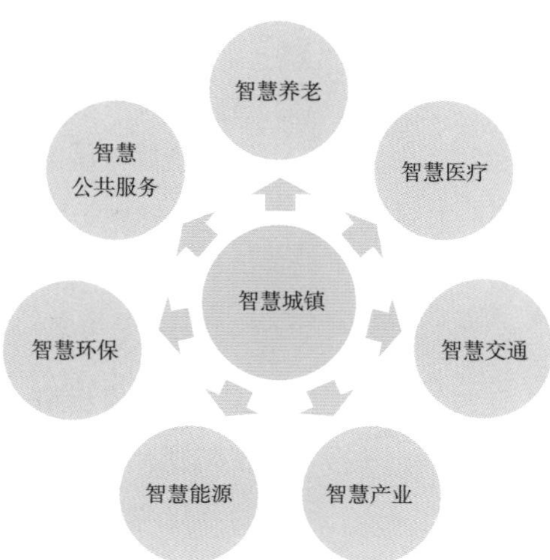

图 4–10 智慧城镇七大功能体系（资料来源：作者自绘）

（1）智慧养老

围绕老年人的生命安全需求和独立生活需求，布置相应的智能化系统，通过综合运用互联网、通讯网、物联网技术，将楼宇、物业、家居、路网、医院、急救等关联起来，以“安全、舒适、方便、快捷”为目的，形成一套针对老年人的照料看护系统，打造更为安全便捷的居住环境。根据老人的生命安全需求和独立生活需求，将智能化系统可以提供的功能由高到低分为几个层次：首先，是医疗救护系统。为老人提供日常紧急医疗救护服务，为老人的生命和生活安全提供 24 小时保障。其次，是安全保障系统。为老人日常活动提供全方位的监控体系，保障老人的正常生活安全，同时为医疗救护系统提供辅助支持。再次，是舒适体验系统和残障专设系统。通过智能化设计为居住在楼宇内的老人提供更加舒适的居住体验。该系统为可选系统，应根据成本造价综合考虑。

（2）智慧医疗

在“老年化”不断突出的今天，社区远程医疗照顾系统能有效地节约社会资源，高效地服务于大众。电子健康档案系统和医疗公共服务平台的建立能解决目前突出的“看病难，看病贵”的医患矛盾。

（3）智慧交通

通过道路收费系统、多功能智能交通卡系统、数字化交通智能信息管理系统等多种模式的数据整合，提供基于交通预测的智能交通灯控制、交通疏导、出行提示、应急事件处理管理平台，帮助进行城市路网优化分析，为城市规划决策提供支持。

（4）智慧产业

智慧产业主要包括智慧物流、智慧制造、智慧贸易三个方面。关于智慧物流，大力推广射频识别、多维条码、卫星定位、货物跟踪、电子商务等信息技术在物流企业、物流产业基地和物流监管部门中的应用。智慧制造，则在重点制造行业，推广适用的信息化辅助设计系统和制造系统，推动信息化制造发展。智慧贸易，则大力发展网络市场和电子商务，发展集产品展示、信息发布、交易、支付于一体的智慧贸易体系。

（5）智慧能源

运用各种智慧技术、先进设备和新工艺，强化能源利用管理，发展风能、太阳能等可再生能源和新能源产业。重点推进智慧电能建设，加快智慧技术在发电、输电、配电、供电、用电服务等环节广泛应用。

（6）智慧环保

对水、大气等与人类生活环境紧密相关的各种资源进行信息实时采集和监控，及时发现和处理各种污染事件产生；借助先进的数据挖掘、数学模型和系统仿真，提升环境管理决策水平。达到节能减排，同时提升经济效益和社会效益的目的。

（7）智慧公共服务

全面推广面向市民的住房、教育等公共服务智慧应用系统建设，推进各专业应用系统与市民呼叫服务中心、市民卡、信息亭等综合性公共服务平台的无缝连接。

第五章

互助型老年宜居城镇规划案例分析

为进一步阐释本书的理论研究，本章将以北京密云穆家峪老年宜居城镇空间发展概念规划、福建惠安县华光健康养老产业园概念规划、北京小罗山植物康养基地修建性详细规划三个典型的规划案例对互助型老年宜居城镇规划理论进行分析说明。北京密云穆家峪老年宜居城镇空间发展概念规划是关于互助型老年宜居城镇及老年社区的规划设计；华光健康养老产业园概念性规划是依托护理培训产业的“产—学—研”全产业链发展的养老社区项目规划布局。北京小罗山植物康养基地修建性详细规划是植物疗愈作用与老年设施有机结合的典范。

5.1 北京密云穆家峪老年宜居城镇空间发展概念规划

北京密云穆家峪老年宜居城镇空间发展概念规划，是为积极应对人口老龄化问题、对未来深重度人口结构进行模拟，同时结合穆家峪城镇发展的互助型老年宜居城镇的规划探索。作为《老年宜居城镇投资与发展研究》课题中的第 12 个分课题，北京密云穆家峪老年宜居城镇空间发展概念规划是在前 11 个分课题的指导下，以穆家峪镇为研究载体，并在空间层面上给予体现与落实的研究成果。

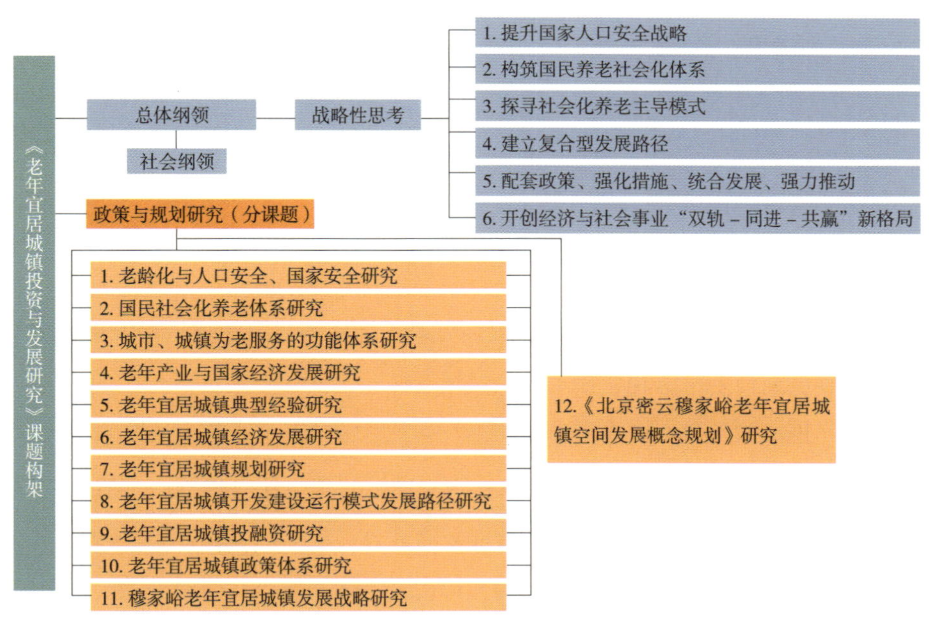

图 5-1 《老年宜居城镇投资与发展研究》课题构架（资料来源：参考文献 5）

5.1.1 项目概况及目标定位

穆家峪镇域面积为 102km^2，规划对未来深重度人口结构进行模拟，至 2030 年，规划建设用地总计 17000 亩，规划人口为 10 万人，其中老年人为 4 万人，占城镇规划人口的 40%。穆家峪与北京中心城区的半径距离为 70km，地处北京“1 小时交通圈层”，其战略优势显著，并有京承高速、101 国道、京沈高铁进行快速联系，区位交通优越。穆家峪紧邻“密云新城”，北依密云水库，属于低山浅丘区，四周群山环绕，境内林地密布、曲水中流、群山环绕、水库相依，生态资源丰富，作为北京的生态屏障，境内林地面积达 6532ha，生态覆盖率高达 85%，形成了一个相对稳定的小气候。区域周边旅游资源丰富，其中包括黑龙潭、南山滑雪场等 A 级风景名胜，为穆家峪老年宜居城镇的打造提供了区域环境支撑。 在优越的区位优势下，项目致力于打造集“互助型居住单元、互助型老年社区、互助型老年宜居城镇”于一体的“模式创新、政策集成”且“可落地、可审批、可操作、可推广”的中国首座“老年宜居”试点城镇。

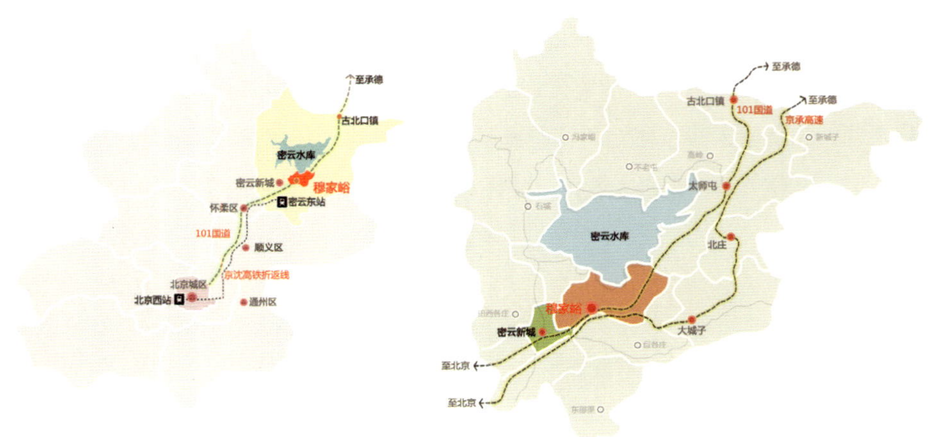

图 5-2　穆家峪镇区位交通分析图（资料来源：作者自绘）

5.1.2　规划策略

为推动互助型老年城镇发展，规划针对《老年宜居城镇投资与发展研究》课题七项创新性要求，相应提出七大规划策略：

（1）形成双引擎产业布局结构：依托密云新城，以工业革命博览中心为龙头，打造产城融合新经济发展区；依托现有镇区打造老年宜居核心发展区，依托潮河旅游资源打造休闲度假主题功能发展区，以老年宜居核心发展区为主体，引入优势资源支撑产业和经济的发展，形成“一体两翼”双引擎带动的空间产业布局结构。

（2）打造“外捷、内缓”交通体系：通过延伸轨道交通 S6 轻轨线和疏导 101 国道车流，打造对外便捷的交通体系，满足老人与子女情感交流和融入社会的需求。控制机动车时速和设置自行车、老年健康步道、滨水湿地游线，打造多层次的特色慢行交通体系，营造适老、宜居、宁静、安全的生活环境。

（3）创新“单元用地开发模式”：根据课题提出的“商业型＋政府契约型＋社会福利型＋复合型”模式，结合核心发展区“1114”功能布局单元，形成“单元用地开发模式”，通过“模块化自由组合”，进行灵活开发建设，并对核心起步区进行先行先试。规划结合老年人活动特点，形成核心发展区“1114”圈层式布局模式：围绕城镇生态景观区、为老服务综合区，布置两个全龄社区，最外围是4个老年活力社区。

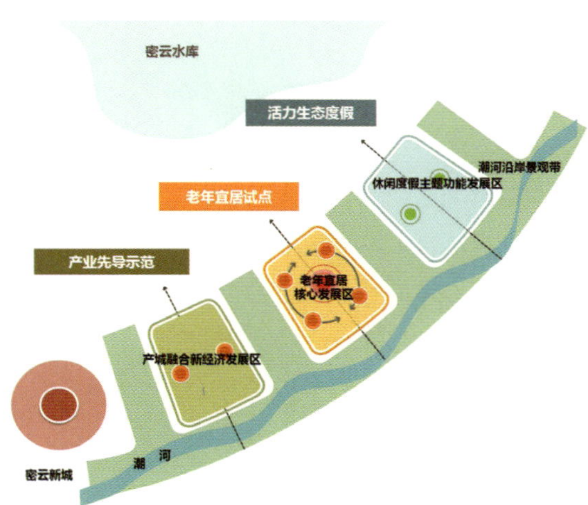

图5-3　北京密云穆家峪老年宜居城镇功能结构分析图（资料来源：作者自绘）

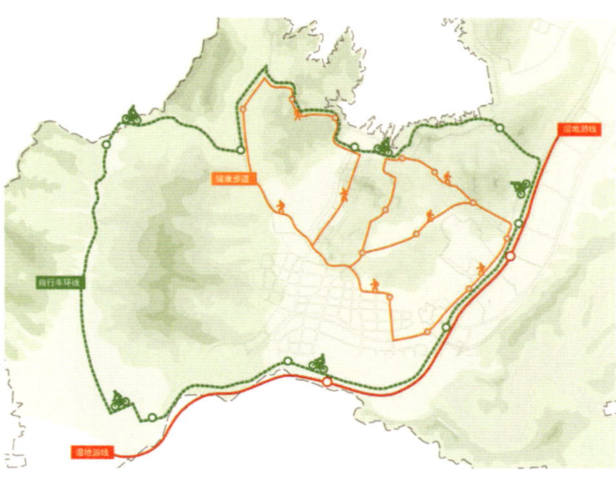

图5-4　北京密云穆家峪老年宜居城镇慢行系统分析图（资料来源：作者自绘）

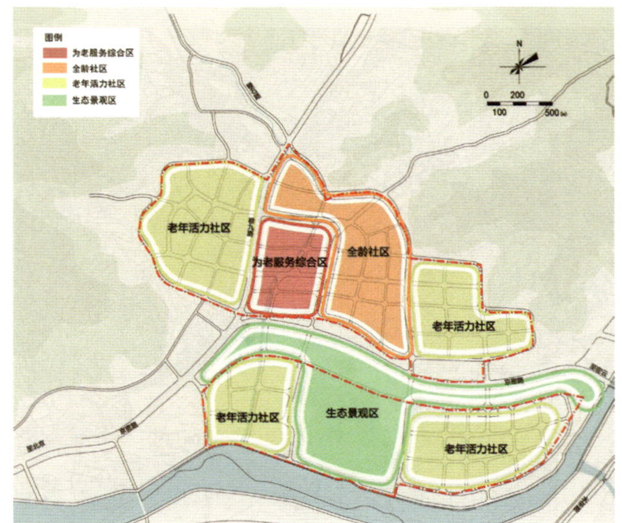

图5-5　北京密云穆家峪老年宜居城镇镇区功能分区图（资料来源：作者自绘）

图5-6　北京密云穆家峪老年宜居城镇镇区景观系统分区图（资料来源：作者自绘）

（4）逐级打造互助型公共空间体系：互助型公共空间体系包括公共服务设施、开敞空间两个层面的打造。规划结合“五分钟”生活圈概念，配置公共服务设施，逐级打造互助型公共空间体系，建立互助型养老体系，分“城镇—社区—组团”三级布置。开敞空间结合城镇公园、社区公园、组团绿地构建多层次级的公共空间体系，形成融于山水的“井字形”景观开放空间结构。

（5）形成医、护、救助互为补充的养老服务体系：以老年人的行为尺度为指导，构建完善的适老化养老服务体系，并在我国现行医疗体系的基础上，进行丰富和完善，形成二级急救、三级医疗、四级护理系统。

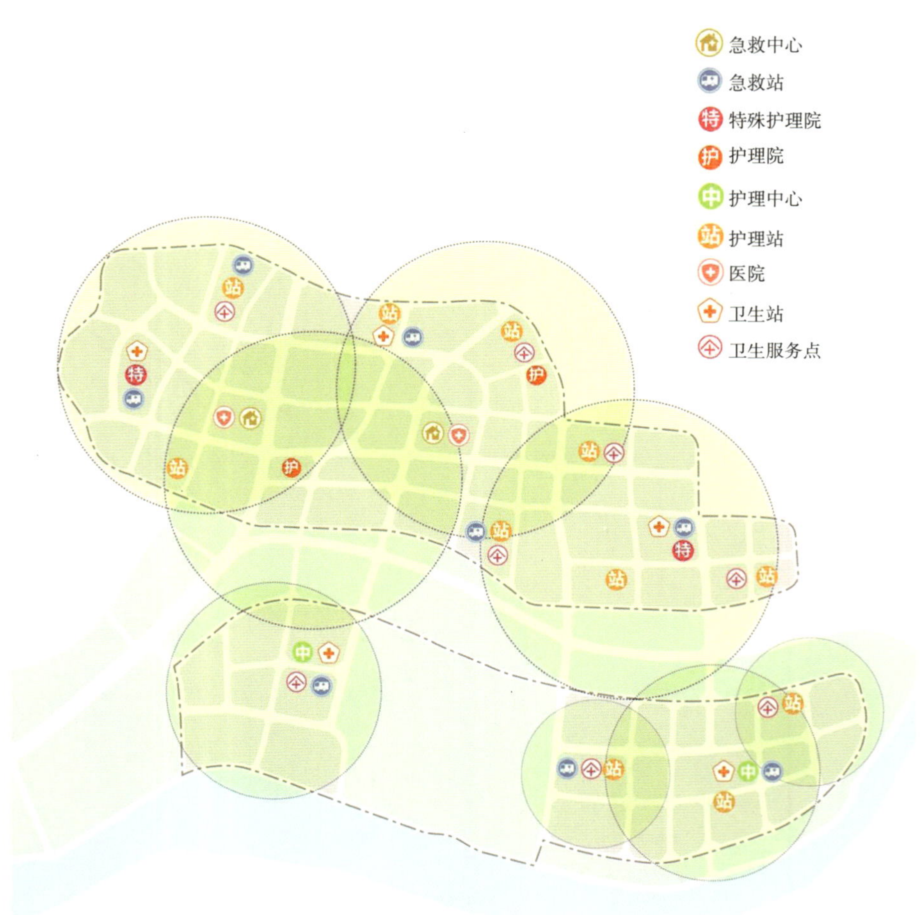

图 5-7 北京密云穆家峪老年宜居城镇镇区医、护、急救养老设施配置图（资料来源：作者自绘）

（6）集成创建“智慧老年宜居城镇”：以智慧养老、智慧医疗、智慧交通等方面为突破点，构建面向未来的“智慧老年宜居城镇”，为社会提供智慧的安全、健康的服务。

（7）构建多元文化体系：规划在穆家峪民俗文化、养生文化、山水文化等

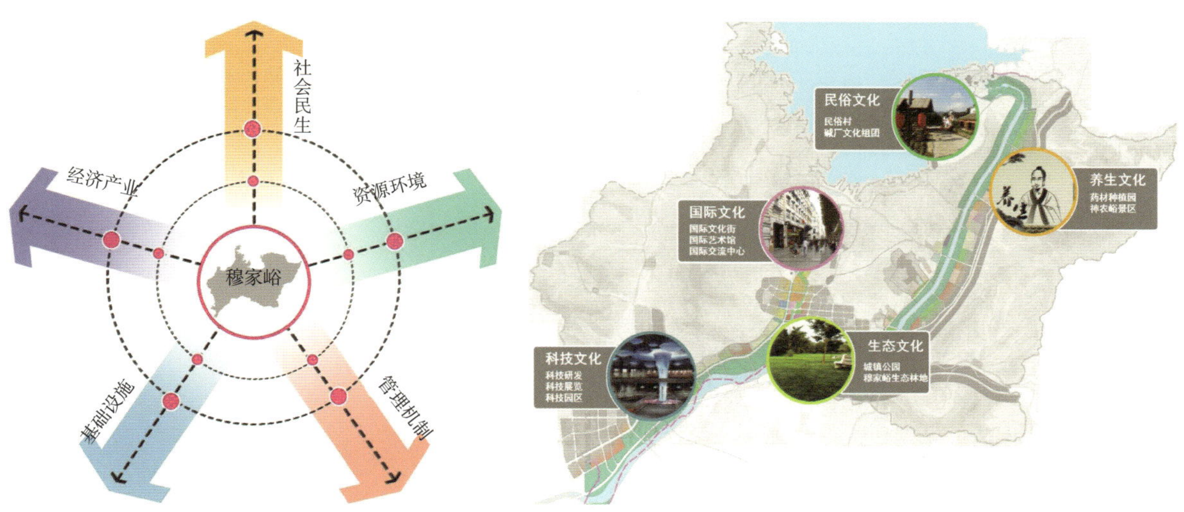

图 5-8 北京穆家峪"智慧老年宜居城镇"五大维度模型示意图（资料来源：作者自绘）

图 5-9 北京密云穆家峪老年宜居城镇文化体系分析图（资料来源：作者自绘）

本土文化，融汇科技文化、国际文化等，进行多元文化的集成，形成文化产业集群，进一步形成穆家峪城镇发展亮点和产业经济支撑。

5.1.3 规划指标体系

本规划在宜居城市科学评价指标体系的基础上，提取规划相关的指标，并对指标进行适老化修正，对穆家峪老年宜居城镇规划指标体系进行初步探索。指标体系共七大项，17 分项。分别对人均拥有道路面积、人均住房建筑面积等 4 项指标进行了突破，新增每万名老人拥有老年大学数量、城镇老年专科医院及护理院覆盖率、车速限制等 3 个分项。

北京密云穆家峪老年宜居城镇规划指标体系（宜居城市科学评价指标体系资料来源：http: //www.chinanews.com/gn/news/2007/05-30/947022.shtml） 表 5-1

宜居城市科学评价指标体系		标准值	穆家峪老年宜居城镇规划指标
城市交通	人均拥有道路面积（m^2/人）	15	18
	居民工作平均通勤（单向）时间（分钟，负指标）	30	20
商业服务	人均商业设施面积（m^2）	1.2	1.2
	1000m 范围内拥有超市的居住区比例（%）	100	100
教育文化体育设施	500m 范围内拥有小学的社区比例（%）	100	100
	每万人拥有公共图书馆、文化馆（群艺馆）、科技馆数量（个）	0.3	0.3
	1000m 范围内拥有免费开放体育设施的居住区比例（%）	100	100
	每万名老人拥有老年大学数量（个）	—	0.25

续表

宜居城市科学评价指标体系		标准值	穆家峪老年宜居城镇规划指标
绿色及开敞空间	拥有人均 $2m^2$ 以上绿地的居住区比例（%）	100	100
	距离免费开放式公园 500m 的居住区比例（%）	100	100
城市住房	人均住房建筑面积（m^2）	26	36
	人均住房建筑面积 $10m^2$ 以下的居民户比例（%）	0	0
公共卫生	社区卫生服务机构覆盖率（%）标准值:	100	100
	城镇老年专科医院、护理院覆盖率（%）标准值	—	100
	人均寿命（岁）	75	85
公共安全	城市政府近三年来对公共安全事件的成功处理率（%）	100	100
	车速限制（km/h）	—	30

5.1.4 规划布局（互助型老年社区）

为逐步推进老年宜居城镇的建设，规划选取镇区穆九路东侧老年社区作为起步区，进行先行先试。老年社区规划用地面积 78.06ha（1171 亩），地上建筑面积 101 万 m^2，综合容积率为 1.29。规划考虑老年人的行动能力，在老年社区中心位置布置公共服务、中央公园等老年利用率较高的公共设施、最外围布置老年活力社区。

整个社区采用圈层式用地布局模式，在功能结构上形成“一心（公共服务中心）、一园（中央公园）、一环（多个老年活力组团）”的空间结构，规划的核心是考虑老年人的行动能力，在中心位置布置公共服务、中央公园等老年利用率较高的公共设施，最外围布置老年活力社区。

在交通规划方面，以打造适老、便捷的出行交通网络为目标，用多层级、多方式交通出行模式，以及慢行体系构建创造多样化的出行方式，提供安全便利的交流环境。结合城镇主、次干路打造“城镇公交 + 绿色社区巴士”公共交通体系。引入城市级公共交通，接驳社区级公交专线，保证每个生活组团都能够有便利的公共交通的服务，方便老年人及家人的日常对外联系及生活出行。同时以“外围骑行环道 + 内部步行环道”慢行交通组织有效串联社区服务中心和各老年组团，保证社区居民能够舒适地享受社区的公共服务及生态绿色景观。

结合老年人的行为尺度，构建社区—组团两级生活服务核心，同时围绕两级服务中心（社区级服务中心和组团级服务中心）组织周边社区功能。

社区服务中心包括教育培训、康体医疗、休闲购物三大主题，打造特色服务中心，同时为本地及辐射区域内周边居民提供贴心服务。其次，每个居住单元作为一个独立的细胞，合理化安排服务中心及日间照料中心，组团级服务中心的设置也是考虑到老年人步行距离特殊要求，设置服务半径 150 ~ 250m 的设施。

图 5-10 北京密云穆家峪养老社区规划设计平面图（资料来源：作者自绘）

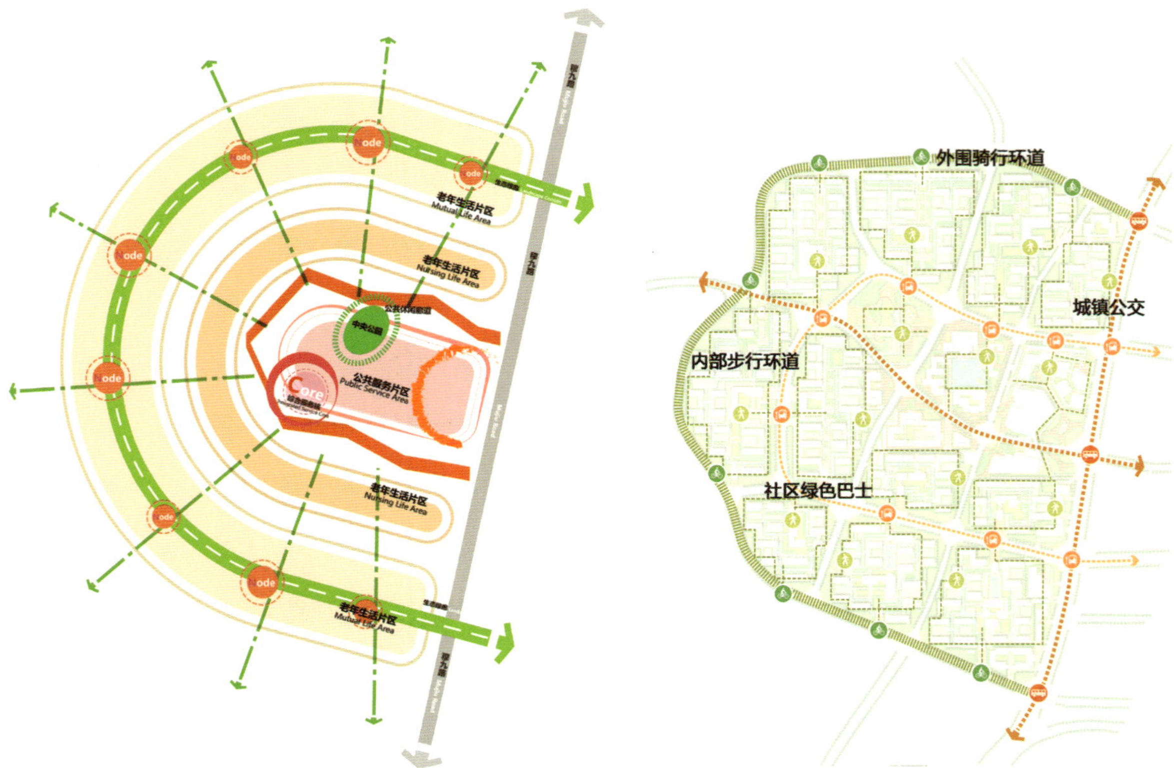

图 5-11　北京密云穆家峪养老社区功能结构分析图（资料来源：作者自绘）

图 5-12　北京密云穆家峪养老社区交通系统规划图（资料来源：作者自绘）

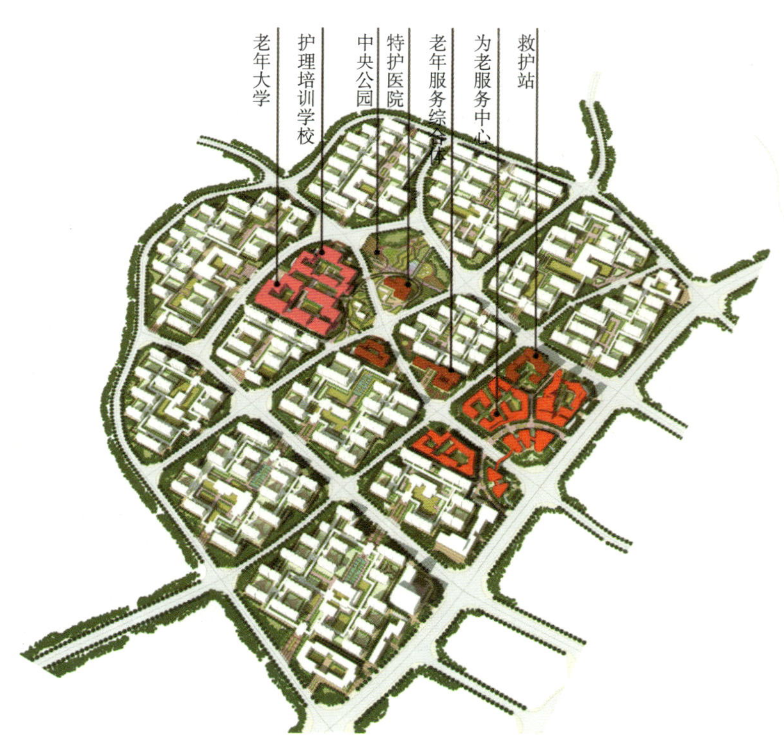

图 5-13　北京密云穆家峪养老社区养老设施布置图（资料来源：作者自绘）

图 5-14 北京密云穆家峪养老社区活力组团模式及布局图（资料来源：作者自绘）

关于老年活力组团规划布局则采用“组团服务中心 + 风雨走廊 + 老年住宅 + 外围休闲环道”的模式。老年活力组团风雨走廊连接组团级服务中心和老年住宅，地块周边设置休闲环道，不仅满足老年人多样休闲需求，同时兼具消防车道功能；地块停车为地下停车，结合地块出入口布置，形成人车分流、慢行友好、适老互助的安全、舒适、无障碍的生活空间环境。

5.1.5 规划措施

规划采用先基础建设，后上层建设的发展时序，以三个阶段进行分期建设。在一期建设过程中采用以点带面的方式，重点打造老年宜居城镇核心发展区的为老综合服务区和穆九路东侧养老社区起步区。随后二期则是筑巢引凤的过程——以城市基础设施、公共配套引领整个区域的开发建设。最后三期是全面提升，在前期基础上进行全面的开发建设，完善规划布局。

对于周边村庄改造策略方面，对建筑质量较差、改造成本较高或影响村落整体功能布局建筑予以拆除；对建筑质量一般的建筑可予以保留，并逐步整修其与整体风貌的冲突，同过平改坡、外立面整治等方式使之与传统风貌协调；对建筑质量较好的建筑采用增加建筑层数，注入新的元素，混合建筑功能。镇域内村庄的改造分为一般村庄和重点村庄两部分：通过对一般村庄改造提升，以养老为主题，打造田园式农村养老社区；通过对镇区北部四个重点村庄改造提升，在原有村落格局的基础上结合注入国际文化、元素，塑造国际文化村落组团。

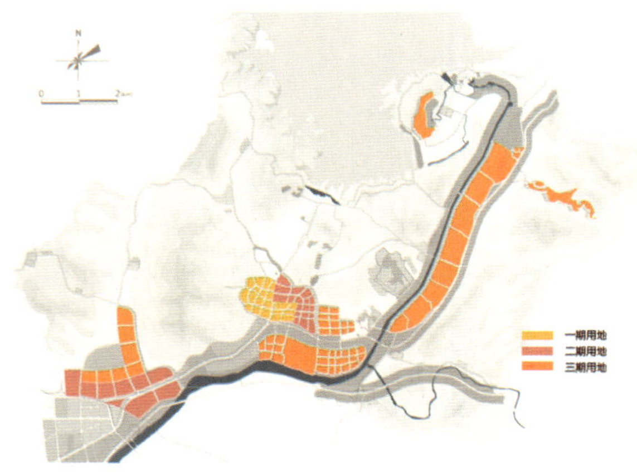

图 5-15　北京密云穆家峪老年宜居城镇分期建设图（资料来源：作者自绘）

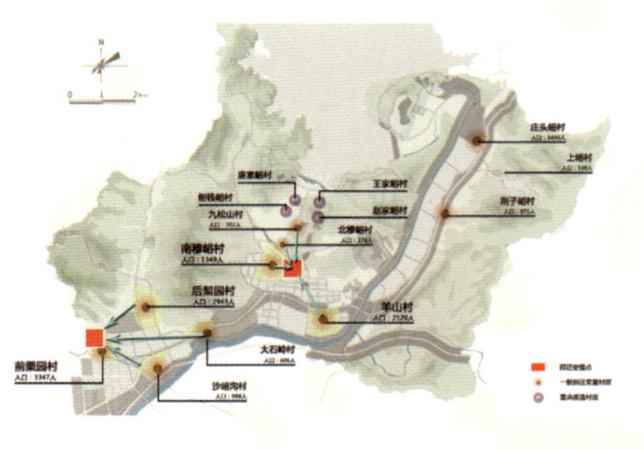

图 5-16　北京密云穆家峪老年宜居城镇村庄改造图（资料来源：作者自绘）

5.1.6　小结

从城镇—组团—社区三个层面来说，案例首先以产业、交通、设施等七大策略为引导，为互助型老年宜居城镇的可持续发展提供完善的策略支持。其次在组团规划层面以“组团服务中心 + 风雨走廊 + 老年住宅 + 外围休闲环道”的布局模式，打造人车分流、慢行友好、安全舒适无障碍的生活空间环境。最后在社区营造中其合理考量老年人的行为尺度，构建社区—组团两级生活服务核心，同时围绕这些核心组织周边社区功能。在出行上则通过多层级、多方式交通出行模式的引入，以及慢行体系的构建，创造多样化的出行方式。

5.2　福建惠安县华光健康养老产业园概念规划

项目位于福建惠安县闽南著名侨乡和台湾汉族同胞主要祖籍地之一，惠西新城和聚龙小镇之间，受二者的拉动作用明显；华光健康养老产业园用地规模为 10.94ha。对外交通优越，周边紧邻惠安高铁福厦高铁、福泉高速快速交通，紧邻惠安高铁站；生态、人文环境优美，周边有聚龙山山脉、黄塘溪流等生态要素，适合养老产业园的打造。

此外，《惠安县城市总体规划（2011—2030）》对项目所在惠西新城（惠西组团）的功能定位为生态休闲和生活居住；《惠安县惠西片区发展规划（2011—2030）》对基地用地性质的划定为商住综合用地，为华光养老产业园的建设提供了规划支撑依据。

通过对宏观环境及基地情况的综合分析，确定华光健康养老产业园的规划

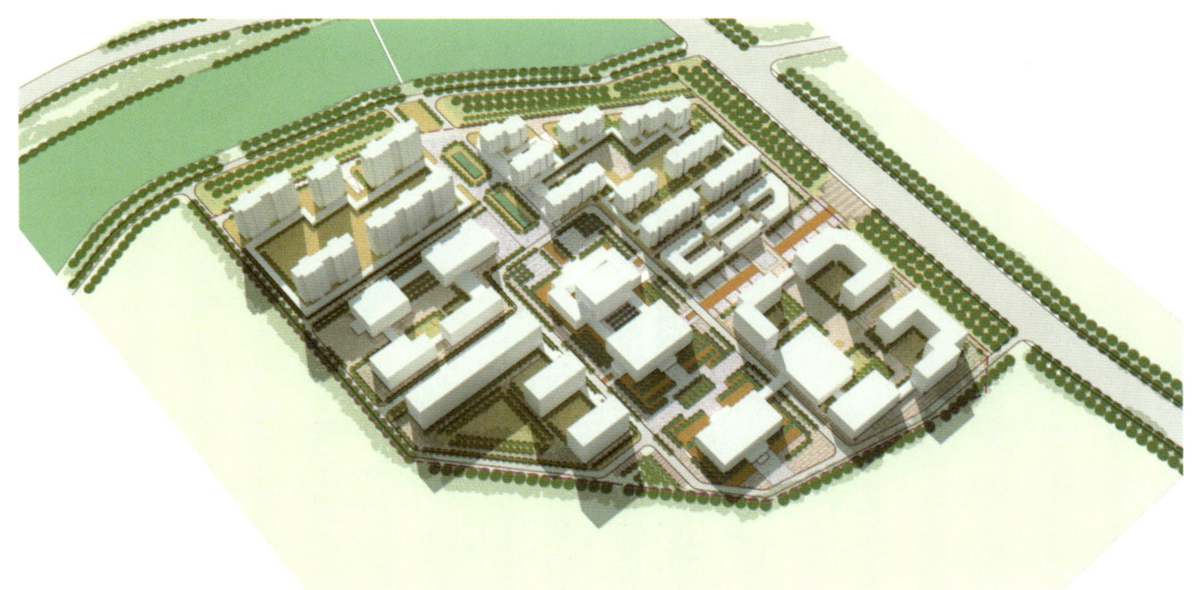

图 5-17 华光健康养老产业园空间模型图（资料来源：作者自绘）

定位为示范海西的新型医护养设施集聚区、辐射港台的综合老年健康居住平台、面向全国的护理教学人才培训基地。

规划从不同层面出发，在宏观层面提出区域协同发展策略，整体提升惠西新城的发展；中观层面着力于项目自身功能的构建，打造完整的生态产业链；在微观层面注重应对老人身体生理层面的变化过程，构建“适老化的居住空间。所以将其分为以下三个策略进行规划：

1. 区域协同策略

基底周边区域在交通、文化、旅游方面都已形成一定规模，规划应积极整合区域优势资源，构建健康、文化、旅游、交通“四位一体”的产业格局，助力惠西新城的跨越式发展。

2. 功能构成策略

在功能定位方面突出医疗护理核心主题功能，实现与周边区域发展的错位竞争，打造集教育培训—医疗护理—生活休闲于一体的生态产业链。

3. 空间创新策略

在空间层面，通过对三种不同类型的老人的梳理，提出三种不同类型的适老空间居住模式，很好应对了老年人生理动态变化的过程。

项目规划用地面积为 10.94ha，地上建筑面积为 12.83 万 m^2，综合容积率为 1.17。规划综合考虑基地教育培训、医疗护理、生活休闲三大功能组织，考虑设施使用的便捷性，以十字形公共服务设施，对各功能用地进行高效衔接。

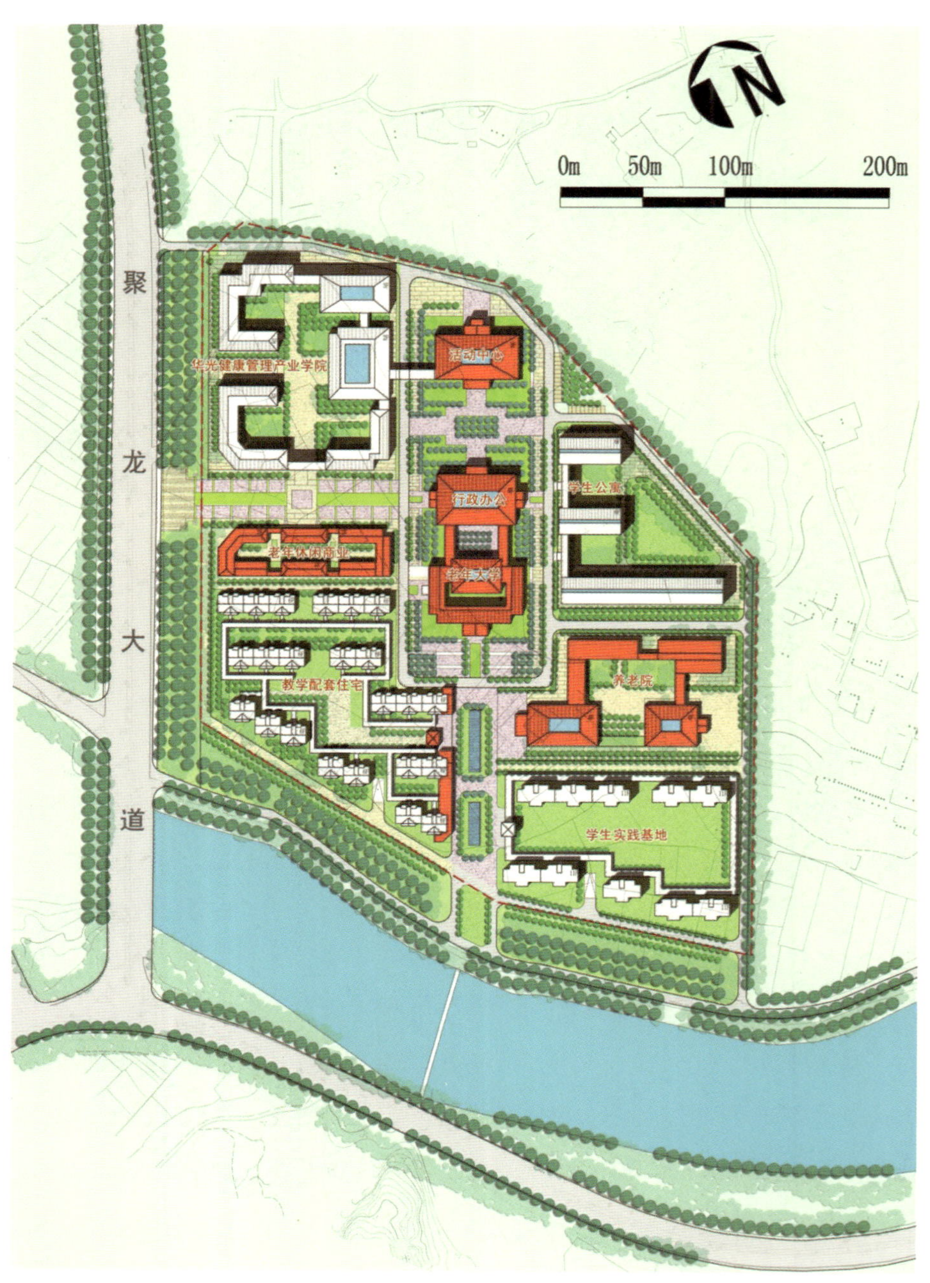

图 5-18 华光健康养老产业园总平面布局图(资料来源：作者自绘)

华光健康养老产业园技术经济指标（资料来源：作者自绘） 表 5-2

项目		数值	单位
用地面积		10.94	ha
建筑面积		128330	m^2
其中	华光学院	27000	m^2
	老年中医诊所	4250	m^2
	老年大学	7800	m^2
	学生宿舍	22600	m^2

续表

项目		数值	单位
其中	老年商业	5400	m^2
	养老院	12700	m^2
	学生实践基地	25200	m^2
	教学配套住宅	23380	m^2
容积率		1.17	——
绿地率		35%	——
建筑密度		25%	——
机动车停车位		600	辆
其中	地下	500	辆
	地上	100	辆

在功能布局方面，首先综合考虑基地教育培训、医疗护理、生活休闲功能，打造“一轴（中央景观轴）一廊（中央生活服务廊），三区（教育培训区、健康护理区、生活休闲区）三心（一处综合服务中心、两处次级服务中心）；蓝绿交织，网络营城”空间结构。同时进一步将三区进行细分为七个主题片区——教育教学区、学生生活区、老年商业区、公共服务区、教学配套区、健康养老区、学生实践区。

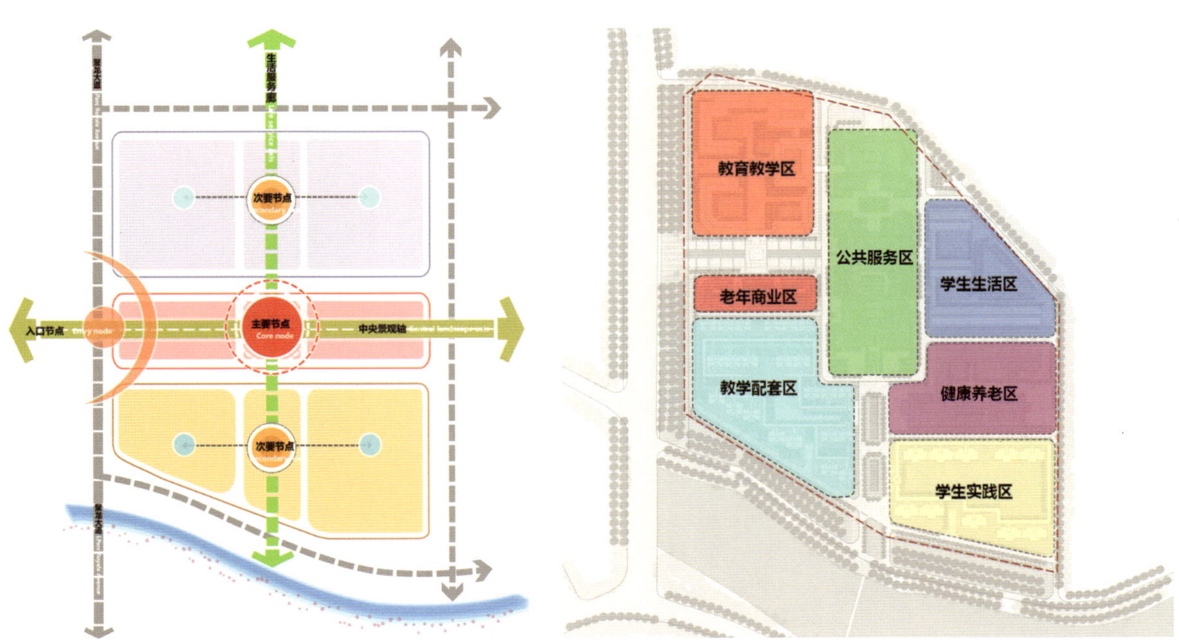

图 5-19　华光健康养老产业园空间结构图（资料来源：作者自绘）

图 5-20　华光健康养老产业园功能分区图（资料来源：作者自绘）

在设施规划上则结合上述功能布局进行建筑空间组织：教育培训功能为华光健康养老产业学院，主要包括华光教学、大学生综合活动中心、学生宿舍、行政办公及老年大学等；医疗护理功能包括华光养老院等；生活休闲功能包括学生实践基地、教室配套住宅等。

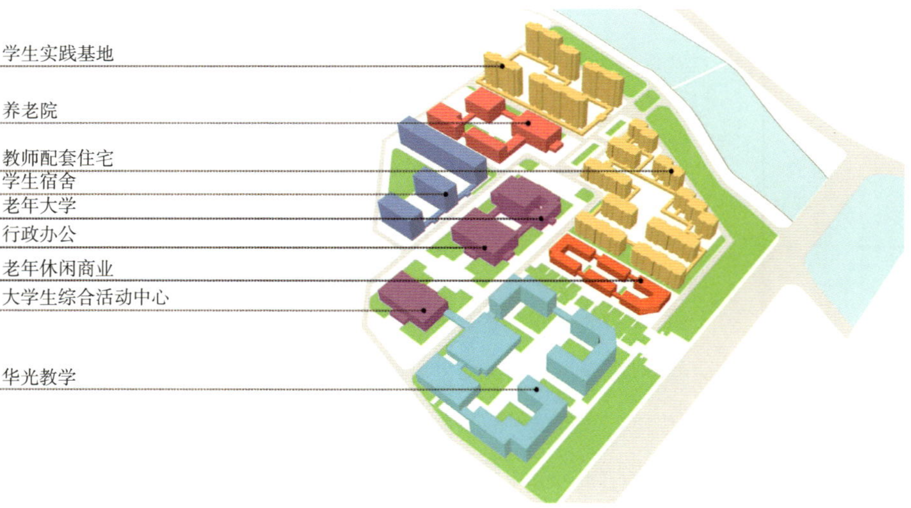

图 5-21 华光健康养老产业园建筑功能布局图（资料来源：作者自绘）

在产业园的交通规划方面，把交通系统分为两种系统模式进行。首先，车行交通系统采用内、外环系统，内环结合十字交通流线有效串联公共服务中心和各功能片区。外环主要是围绕地块红线展开，结合地面停车，确保内部环境的安全，同时兼具消防道路的功能。其次充分结合中央景观轴线及公共活动开

图 5-22 华光健康养老产业园车行交通系统规划图（资料来源：作者自绘）

放空间，构建了完善的慢行步行系统，网络渗透的绿化空间实现了景观资源的充分共享，通过加强与中央景观区的渗透关系，进一步提升了土地价值。

在华光健康养老产业园概念规划案例中，其依托护理培训产业进行“产—学—研”全产业链打造是本项目创新性探索，促使护理、教育产业与养老功能形成相互扶持的完善产业链结构。同时在规划布局上以十字形公共服务设施布局，对各教育培训、医疗护理、生活休闲三大功能用地进行高效衔接。而便捷车行系统和连续、安全的慢行系统两种交通规划的合理结合则是该产业园区打造的技术支撑。

5.3 北京小罗山植物康养基地修建性详细规划

北京小罗山植物康养基地位于北京市怀柔区小罗山村，距离北京市中心直线距离 50km。基地面积 30 亩，基地北面是小罗山，东侧为潮白河和大片郊野绿地，西面为小罗山村，四周有大片农田，自然资源丰富，适宜植物康养基地的打造。

图 5-23 北京小罗山植物康养基地平面图（资料来源：作者自绘）

北京小罗山植物康养基地将植物疗愈作用与老年人设施有机地结合起来，并将园艺疗法引入植物花园设计，将其打造成集养老、观光、休闲、疗养于一体的综合型植物康养基地。北京小罗山植物康养基地根据其主题功能不同划分为植物疗愈区、老年康复区和温室种植区，通过合理的规划布局，来满足不同活动能力老人的多样需求。

植物疗愈区占地面积 10500m^2，是对整个基地开放的互助交往区域。由互助型居住单元和植物疗愈花园组成，互助型居住单元通过集装箱改造而成，可根据季节变化进行灵活移动布置。植物疗愈园的建设初衷是在植物花园中融入康养功能，通过植物花园来辅助疗养，进行合理的规划布局，为疗愈对象提供多样景观和交流空间，并配套植物种植、植物认领、步态训练、影视观赏、手功能训练、园艺游艺等多种疗愈项目。

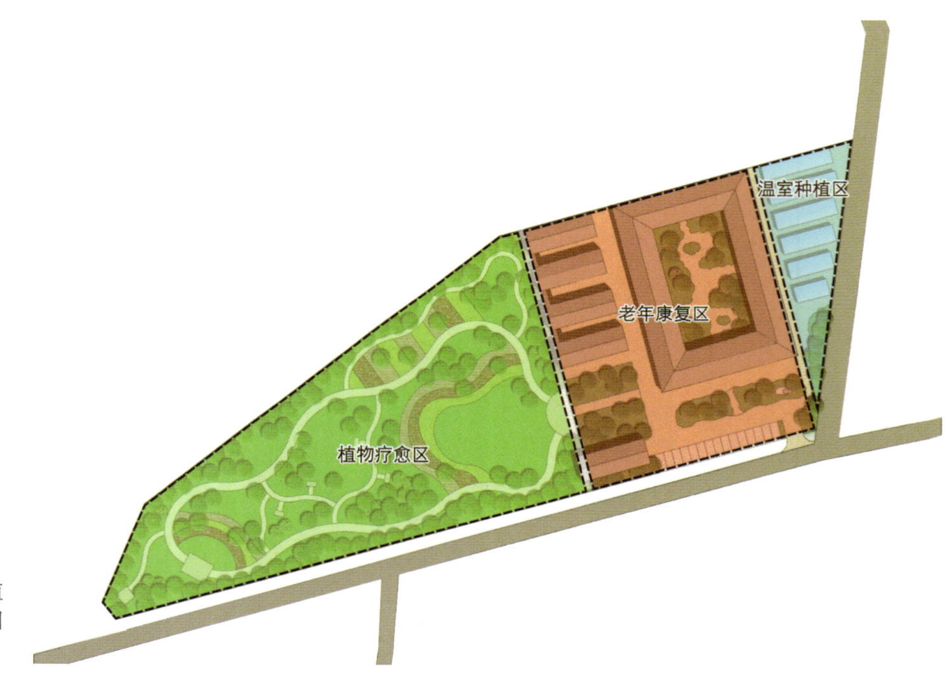

图 5-24　北京小罗山植物康养基地功能分区图（资料来源：作者自绘）

老年康复区占地面积 7700m^2，主要担负入口接待和老年生活功能。入口接待区域占地面积 1700m^2，由入口广场和入口服务中心构成，是整个疗愈基地的对外窗口，也是基地的交通枢纽，主要担负入口接待服务、入口功能展示、入口停车等功能。老年生活区域占地面积 6000m^2，建设面积为 4900m^2，老年康复区主要包括老年公寓和养老院两部分。其中，老年公寓建筑面积 800m^2，养老院建设面积为 4100m^2。老年公寓由 4 栋低层建筑组成，与植物疗愈花园相邻，通过内部园路的规划，将公寓和花园有机地串联为一个整体。养老院的建筑布局由一个传统的四合院构成，提供 40 个床位，主要功能包括老年人用房（老年生活用房、入住服务用房、卫生保健用房、康复用房、娱乐用房、社会工作用房）、行政办公用房和附属用房。

温室种植区占地面积1650m^2，主要由温室花房和一个老年生态餐厅构成。温室花房主要作为植物疗愈花园的苗圃培育基地，同时也向社会提供花卉苗圃，用于整个基地的财务运营补贴。规划在每个温室花房中开辟一个活动场地，以便在北方冬季外界气候环境恶劣的条件下，为老年人提供一个交流活动的平台。老年生态餐厅是整个基地的后勤服务中心，主要担负着为内部老年人和外部活动团体提供健康饮食的功能，老人也可利用空闲时间自己参与绿色食物的制作。

此外，北京小罗山植物康养基地的规划设计针对不同活动能力的老年人而提供多样性设计。针对活力老人，规划设置健身、园艺劳作、社交等活动空间，尤其是具有挑战性的活动空间；针对需要介助的老年人，规划进行了无障碍交通和景观设施布置，如设置一定抬高的花床和水景，让坐轮椅的老人与活力老人享有同样的接触自然、参与劳作机会。针对需要介护的老人，规划还考虑增加具有感官刺激和具有记忆引导功能的景观要素配置。

第六章

结论与展望

互助型老年宜居城镇的打造具有一定的社会、经济和环境效益：有利于缓解社会老龄化问题及养老问题，特别是缓解养老服务人员不足的压力，推动和谐互助社会构建；有利于节约养老成本，提高资源利用效率，减轻养老经济负担；互助型老年宜居城镇的发展，通过融合养老产业对现有城镇产业体系进行提升，有助于促进优势资源要素向周边城镇的聚集，推动城镇经济发展，为当地居民提供就业机会；“互助型老年宜居城镇—互助型老年社区—互助型居住单元”各空间层面的布局，互助养老服务体系构建，有利于推动适老、互助的城镇环境建设，提升老年人生活空间品质。

互助型老年宜居城镇规划研究具有广泛的应用前景：为国家应对人口老龄化社会问题提供新的思路；为城镇转型发展提供新的路径；为同类城镇各空间层面规划设计、空间用地布局提供理论参考；“互助型居住单元和建筑”实用新型专利，将指导未来养老建筑的设计与改造；为具有中国特色的互助型老年宜居城镇的养老服务设施体系构建提供理论参考；将完善现有城乡规划体系编制中养老内容，指导相关养老规划研究。

通过互助型老年宜居城镇规划研究，得出以下结论：

（1）互助型老年宜居城镇的打造是积极应对人口老龄化问题和推动传统城镇自身转型可持续发展的必然选择。

（2）适宜的规模、选址，养老服务设施体系构建、空间布局、互助型居住单元模式及应用等，是老年宜居城镇打造的重点。

（3）结合国内、外养老建设经验，技术标准及我国实际情况，同时考虑老年人的行为尺度、护理对象活动能力、设施配套的经济性等多方面因素，提出适宜的规模、选址要求。其中，互助型老年宜居城镇的选址需要具备以下条件：距离大城市边缘 5 ~ 80km、临近或拥有良好的医疗资源、生态环境优美、市郊交通便捷的郊区。

（4）互助型老年宜居城镇适宜的产业体系构建，需要融合老年产业发展对现有产业进行适老化提升，从而构建产业协调发展的环境友好型产业体系。

（5）对外打造快捷的外部交通体系，对内打造多层次的慢行交通体系，并做好道路的适老性设计。

（6）互助交往空间体系主要包括公共服务设施空间和公共开放空间两个部分。

（7）互助型老年宜居城镇的互助交往空间空间布局突出适老、互助的布局原则，需要按照适老空间布局尺度要求重点构建互助交往空间体系。互助型老年宜居城镇适宜采用“为老服务综合区 + 全龄社区 + 互助型老年社区”圈层式布局模式，互助型老年社区适宜采用“互助型老年组团 + 为老服务中心”布局模式，互助型老年组团布局适宜采用“为老服务综合体 + 风雨连廊 + 老年住宅 + 外围环形步道”布局模式。

（8）互助型居住单元模式的三个应用为：互助型住宅、互助型公寓、互助型护理院。

（9）阿尔茨海默症康复花园景观设计，需要充分结合患者特点和需求，突出其景观设计的安全性、舒适性、多样性、适应性、疗愈性，并在功能分区、交通组织、景观绿化、设施配置等方面做好景观设计。

（10）养老服务设施体系的构建，充分考虑老年人的多元需求，突出其系统性、适老性、互助性、创新性，对现有“居家—社区—机构”养老设施进行提升和完善，同时补充为老服务设施及互助型老年社区。

（11）适宜的投资、开发运营模式，应采取“整体规划、分步实施”和“大分散、小集中”的开发模式、“政府投资与企业投资相结合、以企业投资为主”的投资模式，以及“企业化、市场化运营相结合、以市场化运营为主”的运营模式。

（12）智慧环境打造主要涉及智慧养老、智慧医疗、智慧交通、智慧产业、智慧能源、智慧环境及智慧公共服务等七大功能系统。

养老问题是个复杂的社会问题，涉及社会、经济、心理、医学、社会保障等多方面的知识,本书基于“互助养老”模式进行互助老年宜居城镇规划研究，但仍存在许多不足。本书主要将老年人作为群体来进行研究，且注意到了地域之间、老年人个体之间的差异而导致不同的养老需求，但并未深入研究，所以未来的研究可根据不同地域之间、老年人的不同个体之间的需求差异作进一步的细化研究。关于养老规划研究，未来还有很大的研究空间，特别是关于既有养老空间的改造。

本书研究范围主要为互助型老年宜居城镇的理论探索，为更好地修正相关研究，打造新型养老城镇建设样板，还需要开展试点建设，通过试点建设发现问题、探索解决问题的途径、总结经验，以推进普遍性建设。本书为城镇空间层面的规划研究，为更好地指导相关规划的实施，还需要相应规范标准的研究出台，以后的研究可在规划及试点实践的基础上，制定养老社区规划、城镇既有空间适老性改造、互助型老年宜居城镇的评估等相关规范标准。

总之，由于多方面的限制，本书对老年宜居城镇的规划研究仅仅是个开始，许多领域研究比如开发运营、产业发展、政策法律研究还不够深入，还有待进一步深化和拓展。

附录一

国内、外养老项目考察

我国正快速地迈向不可逆转的深、重度老龄化社会，人口老龄化问题已经上升到国家安全战略层面，它所带来的挑战不亚于工业化、城镇化等人类历史上任何一次经济社会革命。美国、德国、日本早于中国几十年步入老龄化社会，也是最早开始系统应对人口老龄化的几个国家。经过几十年的发展与探索，已形成了相对完善的适老化应对措施体系。同时，中国进入老龄社会十多年间，养老社区的建设也积累了一定的建设经验。因此，本章对美国养老城镇和社区打造、德国的护理体系及养护机构建设、日本的老年公寓建设经验，以及中国养老社区和养老机构相关探索进行归纳总结。

1 美国老年城镇及老年社区

美国老年城镇及老年社区的规划运作模式较为成功，尤其是以弗罗里达活力养老社区、美国太阳城为代表，其规模较大、内部公共配套设施齐全，对我国老年城镇及社区的建设有很强的借鉴意义。

案例分析主要从城镇和社区建设概况、交通组织、功能分区与配套、后期管理与运营等几方面展开。在空间层面研究城镇和社区建设概况，各功能组团的尺度规模；交通层面着重于社区内部交通规划的组织、慢行系统的打造，以及与外部交通的衔接；功能与设施层面，重点研究针对不同年龄的老人，如何划分各功能组团，以及解决好各组团与大型公共设施的关系，公共设施如何布局（集中式与分散式）等；在运营管理层面，学习美国老年社区的运营管理模式，物业类型组合模式，社区的盈利模式。

1.1 老年城镇

弗罗里达活力养老社区（The Villages · Florida）坐落于阳光明媚的美国佛罗里达州（Florida）中部，位于佛罗里湾岸（Florida Gulf Coast）和 佛罗里达大西洋沿岸（Florida’ s Atlantic Coast）中间。紧邻佛罗里达州（Florida）的著名景区及奥兰多国际机场。弗罗里达活力养老社区距奥兰多西北 45 英里和坦帕东北 75 英里。

弗罗里达活力养老社区城镇规模为 88km^2，常住人口超过 10 万，小镇购置房产者年龄必须达到 55 岁。The Villages 目前包括 12 个 CDD（Community Development Districts 社区发展区）。其中 10 个 CDD 主要功能为居住。其余两个 CDD 主要功能为设施配套，其中一个为社区发展中心地区 VCCDD（Village Center Community Development District）——提供给排水系统等公用事业服务，娱乐、安全、消防和为居民的护理服务；另一个为萨姆特陆地社区发展区 SLCDD（Sumter Landing Community Development District）——为居民提供娱乐和安全服务。小镇共配有 1000 间酒吧，76 个游泳池，40 多座高尔夫球场。

在弗罗里达活力养老社区的案例中，为使每个居民都能享受到较好的社区资源，其每个社区规模以 3500 ~ 6000 户为宜。社区之间散布着由免费使用的高尔夫球场形成的公共交往空间，形成该项目一大亮点。在交通方面城镇内部由 1 ~ 2 条主要道路串联，便捷、高效，交通限速在 48km/h，高尔夫球车逐渐代替汽车，成为社区内主要交通工具，组团内没有建设集中停车场，日常停车都在别墅内部。社区内主要以紧密排列的独栋别墅及部分联排别墅形成居住组团。

1.2　老年社区

1.2.1　拉·弗洛雷斯塔社区（La Floresta Master-Planned Community）

拉·弗洛雷斯塔社区坐落在交通便利的布雷亚（Brea）市，背靠奥兰治县北部山麓，北距约翰韦恩机场仅 20 英里。周边城市资源包括山地公园、高尔夫球场、距离城市中心医院的距离为 2.2km。总面积 48.5，100 个住户单元，建筑高度控制在 3 层及以下建筑，容积率控制 FAR：约为 0.45。

社区总体规划的主要亮点在于该社区实践是对多代混合居住使用的发展。社区采用最先进的技术，充分考虑周边设施规划和绿色节能住宅的设计。规划主要是由全龄社区、老年社区、退休照料社区（护理院）、记忆照料中心、商业街区等几大板块组成，将购物中心、游泳俱乐部、慢行坡道和自行车道融合于社区之中，形成丰富的功能组合，各个区域相对独立又方便联系。

附图 1-1　拉·弗洛雷斯塔社区规划平面图（资料来源：http：//www.laflorestabrea.com/content/community/FinLFV_SitePlan-24x36_W%20Statistics_For%20Welcome%20Center-9-2016.pdf）

美国拉·弗洛雷斯塔老年社区概况（资料来源：根据 http: //www.laflorestabrea.com/content/community/FinLFV_SitePlan-24x36_W%20Statistics_For%20Welcome%20Center-9-2016.pdf 整理） 附表 1-1

类别	全龄社区		老年公寓	老年社区	护理院	商业区	办公居住综合区
	独栋	联排					
服务对象	全龄	全龄	健康老人（65 ~ 75）	活力老人（55 ~ 65）	“高病残痴”老人	全龄	健康活力老人
用地比例	21.3%		10.2%	15.2%	5.8%	14.2%	17.3%
标准户型	180m^2、205m^2	220m^2、240m^2	540m^2	350m^2、400m^2	46 ~ 167m^2	——	200m^2、230m^2
容积率	0.37	0.46	0.39	0.42	0.43	0.68	1.0
建筑密度	18.7%	19.4%	19.6%	20.7%	16.4%	27%	51%
备注	没有特殊要求，目标人群涵盖老年、中年、青年等不同群体		年龄在 70 ~ 80 之间，生理上会呈现出不同程度的下滑	年龄在 55 岁以上，这类老人处于刚刚退休的边缘，精力旺盛，社会交往较多	总建筑面积约 12500m^2，包括 134 个护理床位，社区距大型医疗设施 2.5km	零售商业、饭店、办公、专业的老年服务机构	护理服务包括：个人卫生、饮食需求、药物管理、临终关怀，舞蹈课程
图示							

持续护理退休社区（Capriana 护理院），提供最高水平的照料服务，提供国内首屈一指的高品质生活（Oakmont Senior Living）、辅助生活照料和记忆保健治疗。护理院占地面积占地 2.25ha，共 134 个床位，每个房间面积：500 ~ 1800 平方英尺（约 46m^2 ~ 167m^2）不等，最小的有 40m^2，提供给失忆者。护理院人员包括医生 2 人、护理人员 100 余人，平均 1 ~ 2 人有 1 个护理人员。有专业的记忆保健护理人员、知识渊博的护理团队，注重记忆设施的设置、丰富的临床经验。运动、休闲娱乐设施配套设施与居住房间混合，设置于同一建筑内部。医疗设施则是依托 2.2km 之外的医院，社区内无大型医疗设施。每个入住会员要付 80 万元的押金，然后每月付 5600 元的护理费用。

1.2.2 坦帕太阳城养老社区（Sun City Center，Tampa）

坦帕地处美国佛罗里达州，是典型的海港城市，由于良好的气候，坦帕湾在过去的 20 年中是移民的首选目的地以及全美首选的度假、退休疗养胜地。太阳城养老社区坐落于美国佛罗里达西海岸，位于坦帕和萨拉苏达之间，整体建设从 1961 年开始，占地约 10km^2。

太阳城明文规定：所有居民必须55岁以上，这个年龄以下的，即便是亲属子女也没有居住权。子女想护理生病的老人，也只能住在该城外围地方，18岁以下的陪同人士每年居住时间不超过30天。

在住宅等居住配套设施上划分为独立家庭别墅、联排别墅和独立居住公寓，入住费用从9万美元到20万美元不等，其售价约为市内房价的三分之一。

在公共配套设施上，整个社区内部包括各种运动和娱乐设施、学习交流场所如老年学校、进修班、俱乐部、图书馆、艺术室和交流中心等，内部邮局、超市、医疗机构、银行和教堂对外开放；其社区内部医疗资源较少，主要依托城市医疗资源。

社区内护理院采用家庭式护理模式，现有300个工作人员，包括医师，注册护士和社会护士等。在职护士144人，工作时间12小时一班，每班12名护士。医护比例为1.5 : 1，护理院主要提供介助与介护两种服务。

介助型：公寓内配套设施完善，提供一日三餐的贴心照料，每周都有专人整理房间，免费的交通直达太阳城的各种服务设施，包括高尔夫、俱乐部、公园等，也可以在社区的湖边享受和朋友闲聊的乐趣。社区有医护人员提供24小时服务。

介护型：住宅内享有优质的房间设施，入住的老人可以有多种活动和生活方式的选择，有经验丰富的员工对入住老人进行专业护理以及人文关怀。公寓都配有紧急呼叫系统，并有专人进行常规检查，专属的定制服务，满足个性化的需求。同时社区为增强老年人的归属感特别成立了由老年业主组成社区委员会，社区的收益主要来源于一次性销售收益以及长期性收益，包括公寓出租收益及配套设施的使用收益。

1.2.3 凤凰城太阳城养老社区（Sun City Festival，Phoenix）

凤凰城太阳城养老社区位于亚利桑那州中部，其所在地亦被称为盐河河谷或太阳山谷。社区地处凤凰城西北山谷的白背山脉（White Tank Moutains），这里风景优美、环境幽静，交通便利。其距离太阳市西区22.5km，距离太阳市28.8km，距离凤凰城中心约50km。

社区内的公共设施主要分为娱乐设施和医疗配套设施。娱乐中心占地约2880m^2，配有游泳池及水疗中心、亚利桑那州立大学终身学习学院、18洞的标准高尔夫球场、健身中心、地掷球、篮球和网球场等多种运动休闲俱乐部。

医疗配套设施中并没有设立医疗中心，而采用与主城区共用医疗设施，20

分钟内可到达急救中心。

凤凰城太阳城养老社区是由全球第七大的房地产公司——德尔韦伯（Del Webb）开发建设，占地约12.55ha，社区容积率为0.35，目前入住率为72.52%。截至目前其开发的独栋养老住宅售价为30万美元/栋，出租价格为单栋每月1800美元。该社区特点为绿色的出行模式与新能源系统的运用：社区内部采用绿色电瓶车系统，小汽车禁止入内。

其次由环境保护署和美国能源部认可的家庭能源评级系统，被广泛地应用于太阳城新住宅领域，比美国的典型住宅节省15%以上的能源消耗。

1.3 小结

美国的养老模式通过新建老年城镇和社区集中解决养老问题，一般规模较大，分布在郊区，以小汽车为主要的出行方式。面对严峻的养老形式，美国的建设对我国养老规划层面具有良好的借鉴意义：

（1）养老城镇由多个养老社区构成，养老社区又由多个养老组团组成，并配有完善的设施。

（2）社区一般不设置大型医疗资源，坚持与城市共享。

（3）社区开发主体是开发商，后期实行老年人的自我管理——老年物业管理委员会。

（4）老年社区开发容量不易过高，坚持以低层和多层为主。

美国养老城镇、社区概况（资料来源：根据考察资料与官网数据整理） 附表1-2

内容	弗罗里达活力养老社区	坦帕太阳城养老社区	凤凰城太阳城养老社区	拉·弗洛雷斯塔社区
规模	88 km^2，10万人	10 km^2	12.55ha	48.5ha
所在城市人口	——	坦帕49.35万	凤凰城144.56万	布雷亚市3.93万
区位	郊区	郊区	郊区	卫星城
容积率	——	——	0.35	0.45
核心竞争力	环境优美； 设施完善； 免费高尔夫。	良好的气候环境； 完善的配套服务设施； 适老化空间设计。	——	居住空间的多样化选择； “圈层式”开发布局模式。
入住率（%）	——	70%	72.52%	——
医疗设施	——	不自建，依靠城市配套	没有医疗中心 与主城区共用医疗设施	无大型医疗设施，距离医院2.2km
医护比	——	1.5：1	——	1.2：1

续表

内容	弗罗里达活力养老社区	坦帕太阳城养老社区	凤凰城太阳城养老社区	拉·弗洛雷斯塔社区
客群	55+	55+	——	——
费用	——	——	出售：30 万美元 / 套 出租：1800 美元 / 栋 / 月	继承人先付款 11.6 万美元，然后每月支付 800 美元。
盈利方式	——	——	出售 + 出租	——
特点 & 可借鉴之处	适宜规模：每个社区规模以 3500 ~ 6000 户为宜； 设施环境：免费使用的高尔夫球场、完善的娱乐设施；	针对活跃长者社区的配套； 不设医疗，减少成本； 产业链条完善。		多代混合居住； 高端服务； 步行者友好社区； 圈层式多中心布局； 保健计划； 持续照料； 记忆护理。

2 德国护理体系及养护机构

目前，中国正在努力实现“9073 养老”战略，而“9073 养老”格局目前在德国已经实现。因此，引入德国先进的养老设施建设经验，对中国很有借鉴意义。2015 年 6 月 29 日至 7 月 10 日，本文作者及《老年宜居城镇投资与发展研究》课题组德国考察团先后访问了波鸿、多德蒙德、科隆、波恩、柏林、汉诺威、韦茨拉尔、斯图加特和慕尼黑等多个城市，针对德国的护理体系建设、养老建筑设计标准、养老院、护理院等项目进行了实地考察，继而进行初步的研究、分析和总结。

2.1 德国护理体系

关于德国护理体系的内容，来自德国卫生部副部长迪兹先生的现场介绍。德国拥有完整的养老体系、一流的护理和医疗服务，在世界上最早建立了护理保险制度，成为各国研究、借鉴的样板。为应对日益增长的老年人护理需求和高昂的护理费用，德国部分州政府从 20 世纪 90 年代初开始起草护理保险相关法律。1994 年联邦议会通过了护理保险法，并从 1995 年开始实施。

2.1.1 德国护理体系的建立需要解决好六个问题

护理体系是德国社会稳定的五大支柱之一，它的建立需要解决好以下六大问题：

（1）护理人员经费

护理人员经费渠道主要为政府税收，其用于长期护理养老的支出约占GDP 的 1%。主要还是靠个人缴纳的保险金支撑这个系统，再有的是自费购买的特殊服务。

（2）护理系统服务

护理机构对被护理人提供优质、多样护理服务。

（3）明确护理项目组织者

主要包括联邦和地方行政部门、保险公司以及个人。

（4）护理院质量监督检查

根据德国 2001 年的《长期照护质量保障法》，除了疾病基金组织对家庭照护中介和养老院的质量进行监督之外，州政府也负责为养老院发放许可证和证书。因此，主要由二者进行“双重”监管。

（5）被护理人的权利

是否允许被护理人自己挑选养老院的权利等，这关系到人们对养老系统是否满意，如果做得不好，会引起社会的不满。因此，在通过了护理等级评定后，被护理人有权进行选择护理院，从而对私人投资的护理院也起到了督促，不断提高服务质量以期带来更多的效益。

（6）护理院设施配套

护理院软、硬件设施配套：IT 管理系统、辅助医疗技术设施等。

养老体系建设的关键点是必须解决好以上六个方面的问题，当然，解决的方法要从我国的国情出发，有多少资金可以用来做这件事，政策由国家和省的主管部门来定，具体实操是地方政府，还是民间或私人组织来做，需要法律来规范，并赋予被服务者一定的权力。

2.1.2 德国在护理政策和法规上的最新改革

考虑到德国现存护理方面的诸多问题，比如更多的护理需求、更高水平的护理服务要求，德国在护理政策和法规上进行最新改革，做了很多政策方面的倾斜。目的是为了促进德国政府与民间组织一起对护理服务担负责任，增加改善医疗护理方面的工作。其最新改革如下：

（1）增加对护理工作的投入。注意强化社区居家养老护理，改善加强医疗护理之间的沟通合作。

（2）提高护理质量、丰富护理种类、扩展护理内容。

（3）提升护理人员数量，保证每年 10% 的增长速度。

（4）借助法律、法规要求来提升老年人的居住环境质量。

（5）加强护理的咨询工作，为家庭成员提供护理咨询。

（6）政府主要针对护理人员、被护理人员出台了相关政策倾斜。

附图 1–2　德国卫生部副部长迪兹先生对德国护理体系介绍现场（资料来源：作者拍摄）

2.1.3　德国护理人才培训

护理员是一个特殊的工作，会常常面对被护理人员的死亡，因此需要有很强的心理培训。护理学校做了很多课程，管理培训、质量培训、心理培训；在护理院现场培训；学校的理论教育。德国护理员的系统培训也是经历了很长的一段时间，最终将护理人员划分为四个等级：

（1）护理管理人员：需具备社会心理学、管理或者护理科学、管理学两个教育背景。

（2）专业护理人员：经过三年半的专业学习和考试合格后，获得证书。

（3）护理助理人员：需 800 ～ 1000 学时或者 9 个月 ～ 1 年学习。

（4）一般护理工：需 380 小时理论培训，260 小时实践学习。

由于目前中国家庭一般只有一个孩子，因此，中国市场对护理人员的需求比较大，更需要提供多样、灵活的系统和课程。

2.1.4　小结

关于护理体系建设需要政府给予立法支持，指导、规范市场行为；需要加强社会保障体系建设，特别是引入护理保险，医、护、养结合；需要加强专业化护理人才培养，同时，做好家庭护理培训，让老年人保持健康、减少被护理程度，鼓励同一社区老人间的互助，减少对护理人员需求，这些是应对未来中国老龄化社会劳动力短缺、人口红利消失等问题的可持续对策。

2.2 德国养老建筑设计标准

从 20 世纪 40 年代第一代养老建筑，到 2011 年的第五代养老建筑，经历了将近 70 年的历程。纵观五代养老建筑设计的发展过程，可知养老建筑发展的三大趋势：设施配置更加丰富多元；更加注重公共空间的设计；同时满足老年人私人空间的保护和个性化需求。

《德国第五代养老建筑设计标准》由德意志老年援助委员会和相关权威共同编写，以指导养老建筑设计，鼓励老年人的自主生活、提升自我管理能力，使老年人的生活空间更有生活价值。

德国第五代养老建筑在第四代养老院强调公共交往的基础上，更注重自我空间的设计，每个护理单元由 4 个单人间组成，并配有公共活动空间、私人的厨房和浴室。

德国五代养老建筑设计标准（资料来源：参考文献 32） **附表 1-3**

德国五代养老建筑设计标准					
名称	类型				
	第一代养老建筑	第二代养老建筑	第三代养老建筑	第四代养老建筑	第五代养老建筑
年份	20 世纪 40 年代到 60 年代	20 世纪 60 年代到 70 年代	20 世纪 80 年代	20 世纪 90 年代末	2011 年开始
特点	疗养看户型，老人被简单的看护	医院，老人被当作病人处理	住宅，鼓励在家养老	家庭，老人体验到家庭的温暖和常态	居家式养老 社区式养老 机构式养老
护理单元规模			16 个床位组成一个护理单元	8 个床位组成一个护理单元	4 个床位组成一个护理单元
功能设施	卫生设施	带有洗浴区、一些理疗设备	住宅群	大厨房和洗衣房	公共活动室、阳台、单独沐浴
户型	多人间	双人间	单人间开始兴起	几乎为单人间	全部为单人间

2.3 德国养护机构

2.3.1 自然、开放、自由、共享的养老设施：科内养老护理中心（Körne）

科内养老护理中心位于多特蒙德（Dortmond，Germany），由德国盖博建筑事务所设计（Gerber Architekten），其设计概念力求能一直使用下去而不落伍。该养老护理中心服务对象为需要护理的老年人和残障人士，设有 132 个床位，主要为单人间和双人间。其中，107 个养老床位，27 个残障床位，此外还有 28 个日间照料。养老护理中心有护工和工作人员 111 名，其中全职和半职人员占到 80 人，每层都设有护理站。

养老护理中心建筑设计部分通透、开放、高标准、自由活泼。建筑 3 ~ 4F，平面呈五指状。建筑设计利用地形高差形成宜人的公共空间，强调空间的开放性和建筑导向性设计：室内公共空间设有大大的落地窗，不仅采光好，而且开放透明，任何地方均可看到室外景观，使人保持积极的生活态度，卧室的采光也很好，阳台面向室外绿地。

科内养老护理中心建设指标（资料来源：根据现场考察资料整理）　　附表 1-4

项目	指标	备注
建筑面积	$12500m^2$	人均建设指标为 $95m^2$/ 人
公共空间建筑面积	$7800m^2$	公共空间占总建筑面积的 62.4%
占地面积	$20000m^2$	——
容积率	0.625	——
床位面积	≥ $28m^2$	不包括辅助用房

科内（Körne）养老护理中心为政府扶助的社会型项目，由政府保障但不进行投资，通过医疗保险、养老保险来获取资金，大部分人都有保险，不需要额外支付费用。

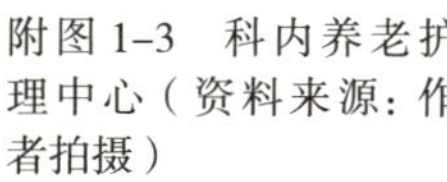

建筑连廊　与外部环境交流的室内活动空间　与盖博建筑事务所交流现场　“五指状”建筑平面图

附图 1-3　科内养老护理中心（资料来源：作者拍摄）

2.3.2 适老化设计、智能化管理的养老设施——韦茨拉尔护理中心（Pflege Kompetenz Zentrum，Wetzlar）

韦茨拉尔护理中心荣获欧洲设计大奖，其被评为欧洲最先进、最智能的养老院，它位于韦茨拉尔市中心（Wetzlar，Germany），周边配套设施齐全，临近商店、小学、教堂与度假酒店，全方位的服务使老人不会远离旧日的日常生活环境。其建筑设计特色为：智慧、节能、舒适、安全。

除了满足一般养老设施建筑无障碍设计、紧急呼救等适老需求外，该养老院适老化设计还有其以下特点：

建筑色彩记忆。养老院的每个楼层涂有不同的颜色，以方便老人记忆。一层是粉红色，称玫瑰园，二层为淡蓝色，叫泉水路，三层呈浅紫色，命名为葡萄山。

灵活户型设计。两个单间之间有一道推拉门做墙，打开即为两居室，满足老年人的多样需求。

智能水温控制。厕所里有紧急拉绳，洗浴的水温最高定在了 40 度，以免老人被烫伤。

独立采暖系统。养老院有独立的加热系统，地板采暖，并且不受市政影响，不会中断。

多样化医护服务。每层建筑都设有护理站，走廊尽端设有送洗脏衣服的通道；老人的用药是与药店连为一体的，备好的药品都做了分类，标明服用者的姓名、剂量、吃药的时间，病人电子病历都在计算机里存档备案。

同时在建筑内部环境进行智能化控制，护理中心内部由 IPAD 连接着养老院的各个房间和每位老人的控制手牌，控制灯光的强弱，窗帘的升降、方向，屋子里的温度等，都可以通过中转站做到无线调控。具有互动功能的控制手牌获得了电子产品评比一等奖，它具有紧急呼叫、身体体征的反应，控制洗手间操控开关、电动床的起落、有线电视开关等功能。此外，每个房间的门把手都是银灰色的，使用过后 30 秒即可自动杀菌。

可以自动消毒的门把手

智能化控制手牌

紧急呼救电话

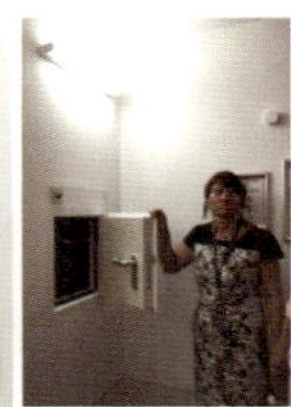
脏衣服通道

小巧精致的样板间及可升降的电动床

附图 1-4 韦茨拉尔 PKZ 护理中心（资料来源：作者拍摄）

2.3.3　提供特级护理需求的养老设施：圣温岑茨护理院（St. Vinzenz）

圣温岑茨护理院位于菲尔德施塔特（Filderstadt）西南部，距离斯图加特机场（Flughafen Stuttgart）约 4.5km。该护理院为特级护理院，提供心理障碍、老年痴呆专业护理。护理院有 200 个住户，年龄在 30 ~ 106 岁，其中，有 50 名需要护理的老人，50 名老年痴呆和 100 名精神病人。该护理院有 120 名员工，其中，护理人员 100 名，医护比为 1∶2。

建筑 1 ~ 2F 为特护，服务长期卧床或者需要轮椅活动的老人；3 ~ 4F 为老年痴呆、精神病人护理，采取封闭式管理。其中，3F 有 16 位病人（酒鬼、瘾君子），能独立活动，设置 8 个单间，4 个双人间，楼层设置带密码的门；4F 为全部为单间，并设置餐厅、活动室、教堂（为天主教会管理，教堂设有自动门），如附图 1–5。

附图 1–5　圣温岑茨护理院（资料来源：作者考察搜集资料）

护理院为开普勒基金会投资建设的房子，基金会在德国建的养老院有 24 个。还有些日间照料，共服务 3600 ~ 4000 老人，一般结合生活区域建设，基本不建大型养老院。养老院自负盈亏，不需要交税，投资回报期一般为 25 ~ 30 年。

2.3.4　多业态融合的护理式酒店：科隆立体养老院（Residenz am Dom，Köln）

科隆立体养老院位于市中心莱茵河畔，紧邻科隆大教堂，环境优美，区位优越，客流源源不断。基于养老及酒店两方面需求，建设护理式酒店，同时也属于德国第三代养老院。建筑平面为“H”型，形成两个景观优美的院落，并且结合院子两侧阳台形成立体景观，建筑立面色彩温暖、亲切、自然，如附图1–6。

养老院提供三种居住类型：带护理的居住、带日常生活服务的居住和酒店住宿。为满足养老及护理需求，养老院设施配套齐全，包括餐饮、按摩、理发、健身、游泳、配有住院部与护理部的医疗设施等。

养老院为私人组织投资，投资7000万欧元，年营业额为1800万欧元，目前处于盈利状态。酒店入住要求为至少入住3天，但是45%的人都住一个月以上。养老院的收费主要为租金，其中，40m^{2}的一居室月租金为1850欧元；65m^{2}的两居室，月租2200欧元；170m^{2}的豪华居室月租为8000～15000欧元。

"H"型建筑平面　外窗与对面建筑　建筑立面温暖、自然　庭院环境

附图1–6　科隆立体养老院（资料来源：作者拍摄）

2.3.5　经验借鉴

通过本次德国养老设施实地考察，很多方面都值得参考和借鉴。首先，在设计理念上让老人拥有自己的私人空间，在满足自身个性化需求的同时也满足了其所需要的社交活动。依据德国第五代养老建筑设计标准，养老建筑设置以单人间为主，建筑内部设置有较大比例的公共空间，并且在周边提供完善的社区服务配套设施。

建筑设计标准方面，我国可以直接借鉴德国最新一代养老建筑设计标准，即第五代养老建筑设计标准，并结合自身国情加以改造，建筑设计考虑建筑朝向、多元地域文化和多元人群需求，达到更智能，更适老、更具有记忆导向性，更注重公共空间的设计。

建筑单体设计方面，它在养老院、护理院、老年公寓等现有类型的基础上，考虑中国家庭"421"养老结构带来的压力，增加互助型住宅，构建全龄互助社区单元丰富居家养老形式，以缓解独生子女家庭养老压力，适应未来老龄化社会下我国劳动力短缺的问题。同时，选取更合理的建设规模（150床左右）与更加灵活的户型设计。

护理服务方面，更加多元化，包括养老护理、日间照料护理、高病残痴特级护理，并考虑对镇区、社区级护理设施的合建，甚至与酒店等设施合建，有效节约了配置资源。

3 日本老年公寓

基于日本的人口老龄化程度以及人口基数、土地面积，日本的老年公寓居住模式比重较大，这种老年公寓用地集约，多数集中布局在一栋建筑内部，主要的公共设施垂直分布。这对我国的老年公寓无论在平面布局、垂直空间功能组合都有借鉴意义。研究日本的老年公寓，主要从老年公寓的规模大小、平面布局与垂直空间的分布、介护配比、户型介绍、营收方式等几个方面入手；养老公寓过大则导致不易管理、过小则不够经济；平面空间中各居住单元如何处理，交通流线的组织以及垂直空间功能的分布；在户型层面，考虑介护型居住单元与独立型居住单元户型面积，以及介护型与独立型配比；在营收方式层面，物业类型以及相关费用的缴纳等。

3.1 银座太阳城

银座太阳城位于东京都中央区月岛，紧邻圣路加国际医院，距离银座四丁目约 5 ~ 10 分钟车程，拥有良好的河景资源和宽阔的视野，是日本市中心养老项目的典型代表。项目占地 4714 m^2，建筑面积 39277m^2，总户数为 362 户（自理型 314 户，介护 48 户），介护付收费养老院 38 间，高龄者对应公寓 275 间。

原则上入住者为年满 65 岁以上，吸纳有自理能力的老人，项目内介护单元仅为入住老人身体过渡期服务。项目由于地处市中心，除养老功能外，还体现了投资功能。入住人多数为有国外生活背景的高收入老人，多数由老人自行承担入住费用，其中七成为女性，平均年龄 77 岁，三成为男性，平均年龄 79 岁。入住者三成为夫妻一起住，七成为单身老人入住。项目至今 68% 的销售比例中，50% 为长期居住，还有 50% 作为老人的第二居所或者养老的后备居所。

其将功能分区集中布置在一栋 29 层高的公寓内部，提供自理和介护两种居住空间模式。公寓内部设有健康管理检查室，外部医疗资源主要依托街区北侧的圣路加国际医院，为老人提供每年一次的体检及医疗救治服务，其中介护老人服务比为 1.5（老人）: 1（服务人员）。

附图 1-7 银座太阳城（资料来源：现场考察搜集资料）

1 ~ 2 层主要为康复理疗俱乐部、老年商业；3 ~ 4 层为一般的介护单元，公寓提供 24 小时的护理服务；5 ~ 6 层分别为专业护理单元、老年痴呆护理单元；介护型住宅单元的面积在 21 ~ 48m^2 之间，平均面积 29m^2。介护型住宅单元的入住率 53%

7 ~ 28 层为一般居住单元，主要是针对能够自理的老人，同时提供一般的家政服务；顶层提供大型的餐厅、酒吧、社交俱乐部、游泳池等设施，供老年人之间相互交流。自理型住宅单元的户型面积在 42 ~ 83m^2 之间，

户型平均面积 65m^2。自理型住宅单元的入住率 68%。

入住者需提前缴纳 15 年房租作为住房定金，大约在 4035 ~ 12965 万日元（约合人民币 323 ~ 1037 万元），入住后还需缴纳健康管理费（540 万日元 / 人），管理费（一人入住 177120 日元，两人入住 265680 日元）和餐饮费（97200 日元 / 人）。

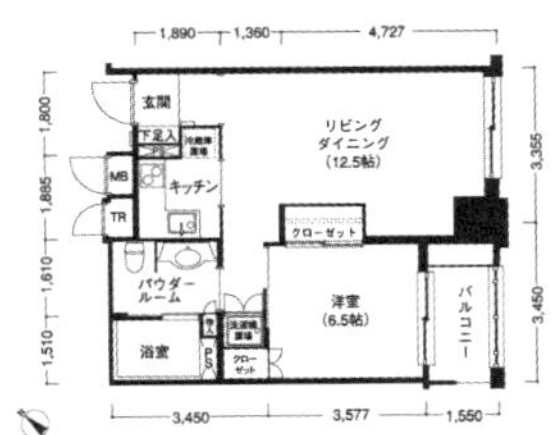

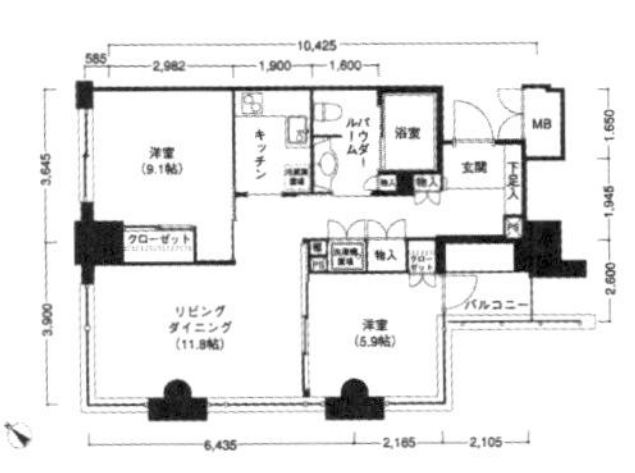

附图 1-8 自理型互助单元（资料来源：现场考察搜集资料）

3.2 横滨太阳城

横滨太阳城位于横滨市近郊，距离地铁横滨站约 20 ~ 25 分钟车程，地处高地，视野开阔，周边为成熟居住区边缘，既相对独立又与周边融合，天气晴朗时可俯瞰整个横滨市。项目占地 84350m^2，建筑面积：56012m^2，共 601 户（其中，自理型 480 户，介护型 121 户）。

平日的健康管理中，受伤或生病的紧急情况时，出现了卧床不起或认知障碍的情况时，在“SUNCITY”中的医疗、介护体制下可以安心的生活。横滨医疗诊所和 VIP 照护中心（SUNCITY 的介护部门的总称，护理人员 24 小时常驻，急病或夜间也能对应）负责与合作医疗机关联系，为各位老人提供医疗和介护的服务。

在日常健康管理方面与横滨船员保险医院的合作，开展短期综合体检（在横滨船员保险医院实施）及每年一次的定期健康检查。

每个房间配备智能呼叫装置，只要按下设置在起居室、厕所、浴室等的紧急呼叫铃，24 小时护理的员工就会立即赶来，对讲机 24 小时接通，可以直接与员工对话。

太阳城在规划使用“安、住、食、守、支”的理念来为入住者提供全方位的服务标准：“安”是高度信赖感，由可以代表日本的有着良好信誉的 100 家企业出资建设运营，没有负债，年利润将近 15 亿日元。雄厚的资本后盾使入住老人住得安心。“住”是休闲酒店式居住空间设计，豪华的公共活动空间，丰富多彩的群体活动。为老年人提供一个快乐的生活氛围。“食”是个性化服务，可选择式用餐，让老年人从繁重的用餐准备过程中解放出来，并提供有针对性的适宜老年人的餐饮标准。“守”是为入住者提供终身的守护，介护体制。当老年人进入要介护的状态提供相应的介护支援体制，配备专业的介护职员、护士，以高质量的服务为核心的 24 小时长期照护制度。

“支”是医疗支援体制。通过与医疗机构建立合作，设置紧急医疗通道，建立医疗支援服务体制，尽可能达成入住老人的愿望，使老人住得安心。

横滨太阳城项目分为东西两栋 6 层公寓（480 个居室）以及一个 212 床位的护理中心；公寓楼内部每 5 个居住单元为一组，避免形成过长的走廊，从而围合出更小的邻里区域，每个居住单元面积从 44m^2 的一室到 82m^2 的两室。在平面布局上公寓楼侧翼前后错开以形成小规模的邻里组团，尽量将更多的公共

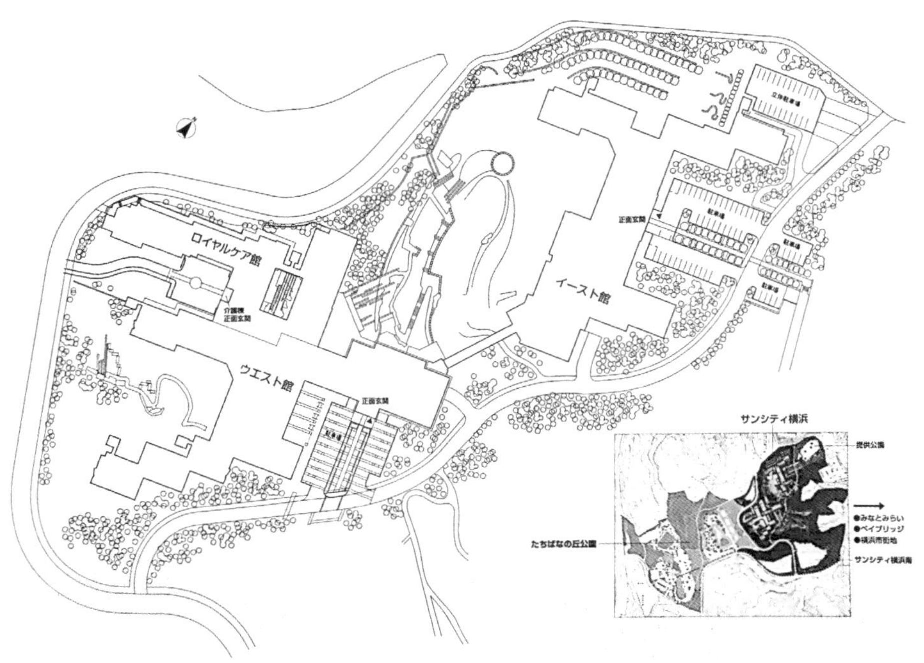

附图 1–9　横滨太阳城平面图（资料来源：现场考察搜集资料）

空间留出，进一步鼓励老年人参与社交活动，并保证较好地朝向和阳光；护理中心内设有 16 ~ 18 个居住单元，为老年人提供护理、用餐等服务。楼层平面图特点——介护型与独立型混合布局：

护理中心的布局和独立型公寓混合设置，在一栋公寓的 3 ~ 6 层北侧的居室，护理单元居室的大小：22.3 ~ 27.9m^2，平均面积为 22.9m^2，护理中心与临近的独立型居室在管理上是相互独立又互相联系，共用交通核和公共活动空间，公共空间比例占到项目总面积的 38%。公共空间和隐私空间明确，完善的无障碍化设施和细腻的安全设备，给入住者安全舒适的私人生活。

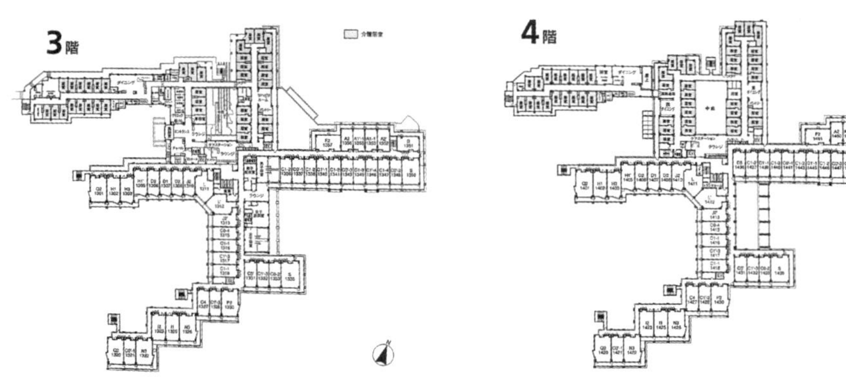

附图 1–10　横滨太阳城标准层（资料来源：现场考察搜集资料）

原则上年满65岁以上的老人，一人入住需缴纳租金(2820万～9810万日元）和健康管理费（500万日元/人），两人入住需在一人收费的基础上缴纳追加租金（1000万日元）和另一位健康管理费。此外，入住还需缴纳管理费和餐饮费。

3.3 多摩老年公寓

多摩老年公寓位于东京都町田市下小山田町，距多摩单轨中心站4km，地理位置优越，是一家介护收费养老院，产权方式为利用权方式。项目占地面积26822m^2，建筑面积16523m^2，有一个摩山医院毗邻的合作医疗机构。

附图1-11　多摩老年公寓鸟瞰图（资料来源：现场考察搜集资料）

在老年公寓的功能设施上配备有大厅，休息室，咖啡角，接待室、餐厅、聚会房间，工作室，影视沙龙、多功能室，娱乐室、藏书角，和室，茶室、大浴场，和式浴场，美发沙龙，小卖部，客房（日式、西式各1室）、洗衣房，护理休息室等。整个老年公寓依托西侧的多摩丘陵医院展开，老年公寓有四栋建筑组成，北侧三栋建筑为独立自理型，南侧一栋为介护型。通过建立与多摩丘陵医院的深度合作，形成了独立—介护—医疗的三种不同的服务体系，充分利用了城市现有的资源。护理居室作为一个过渡，生病出院后需要护理时住进介护居室，如果好转的话返回一般居室。平常身体状况不好时，也可以住进介护居室进行调理。

多摩老年公寓户型特点（资料来源：根据现场考察搜集资料和官网数据整理） 附表 1-5

类型	大小（m^2）	特征
A 户型	43.57m^2	A 户型巨大的窗户给人以开放感，舒适放松房间；阳台上院子尽收眼底，享受四季的变化；迷你厨房 IH 烹调电热器起居室时尚的柜台设置；充分的收纳空间
B 户型	51.94m^2	B 户型为隅景房间，L 形的宽阳台；东南两个方向开口，房间通气性好；盥洗室的窗户明亮，浴室有干燥功能：冷风、暖气自由切换；厨房是 IH 炉子，做饭很方便，装备有餐具自动升降机
C 户型	49.13m^2	C 户型天花板和窗户高，开放感强；客厅的墙面收纳功能，房间的一体感很强，家具没有翻倒的危险；构造上的办公桌和装饰柜很漂亮，方便使用；迷你厨房具备 IH 加热器和电动式柜子装备

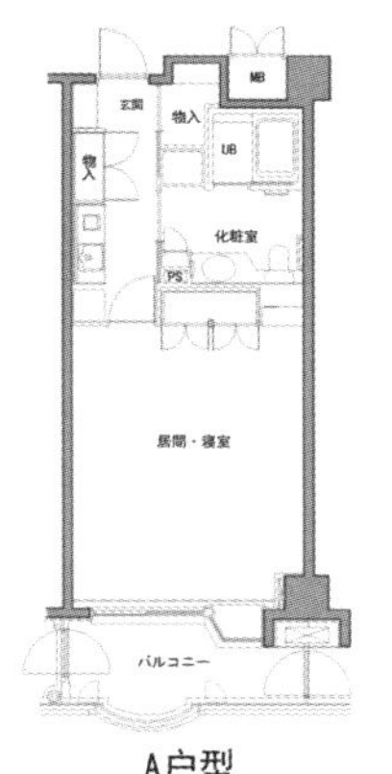

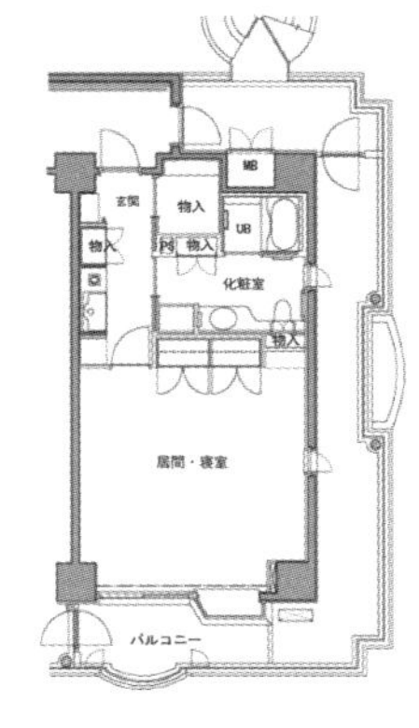

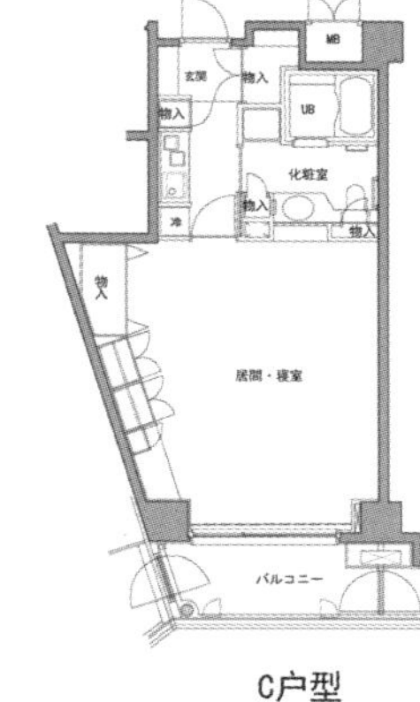

附图 1-12 多摩户型平面图（资料来源：现场考察搜集资料）

收费方式有一次性付款（可先支付 15%，余下 85% 可分期偿还）和每月缴纳租金两种方式。除此之外，每月需缴纳管理费（一人入住 131 万日元，两人入住 207 万日元）和餐饮费 69 万日元 / 人。

3.4 小结

日本的养老公寓的模式在很多层面对我国的养老问题都有指导意义，而且日本的城市文化和人口特点与我国的相似。

在布局层面上，日本的养老公寓建设更加集中、用地更加节约，分布在城市医院的周边区域，公寓和医院建立深度的合作关系。

在建设层面上，日本老年公寓提供介护和自理两种居住单元模式，其中介护与自理型床位比约为 1 : 5，对我国的老年公寓的建设都有指导意义。

日本老年公寓概况一览表（资料来源：根据现场考察搜集资料和官网数据整理）附表 1-6

项目		银座	横滨	多摩
位置		市中心	近郊	近郊
户数（户）		362	601	219
容积率		8.3	0.66	0.62
居室面积	自理型（平均）	65m^2	63m^2	50m^2
	介护型（平均）	29m^2	22.9m^2	——
医护比例（老人：护理人员）		1.5：1	1.5：1	1.5：1
自理与介护规模比		6.5：1	4：1	6.5：1
营收方式		一次性住金＋月租	一次性住金＋月租	一次性住金＋月租

4　中国养老社区

近几年中国的老年社区规划在吸取借鉴国外经验基础上，无论是从老年社区的规划模式、公共服务配套设施的建设，还是在老年社区的户型面积配比、适老化环境的建设等取得了很大的进展。但通过我们的考察也发现我们的社区存在一些问题，例如，很多老年社区的建设就是在传统居住小区的基础上加入了为老服务设施，硬件设施已满足条件，软件环境缺失，给老年人提供的医疗护理服务不足，缺少专业的医疗护理人员。很多老年设施虽然建成，但后期出现大面积的闲置。同时老年社区的入住率较低，对购房者没有特定的限制，很多人往往抱着投资的角度购房，造成了公共资源的极大浪费，无形中加重了我国的老龄化的问题。

4.1　上实瑞慈花园长者社区

上实瑞慈花园长者社区位于崇明东部。这里空气清新、水源洁净，自然生态优势十分独特。作为培育、引导特大型城市新型养老文化的探索——“上实瑞慈花园”由上实养老发展有限公司开发，美国知名养老社区运营商水印公司（Watermark Retirement Community）负责运营。项目总面积 28 万 m^2，由“持续照护退休社区（CCRC）”和“活力长者（AA）社区”两部分组成，可为 1800 余名不同身体状况的老人提供“一站式”专业化养老服务。

该项目整合了瑞金医院东滩医疗中心、上海老年大学东滩长者书院、东滩体育中心、东滩生态农庄、东滩湿地公园等资源，以及健身会所、商业步行庭院、酒店公寓等配套设施，加上高配比的车库，可为住户提供全面、优质的“菜单式”养老服务。

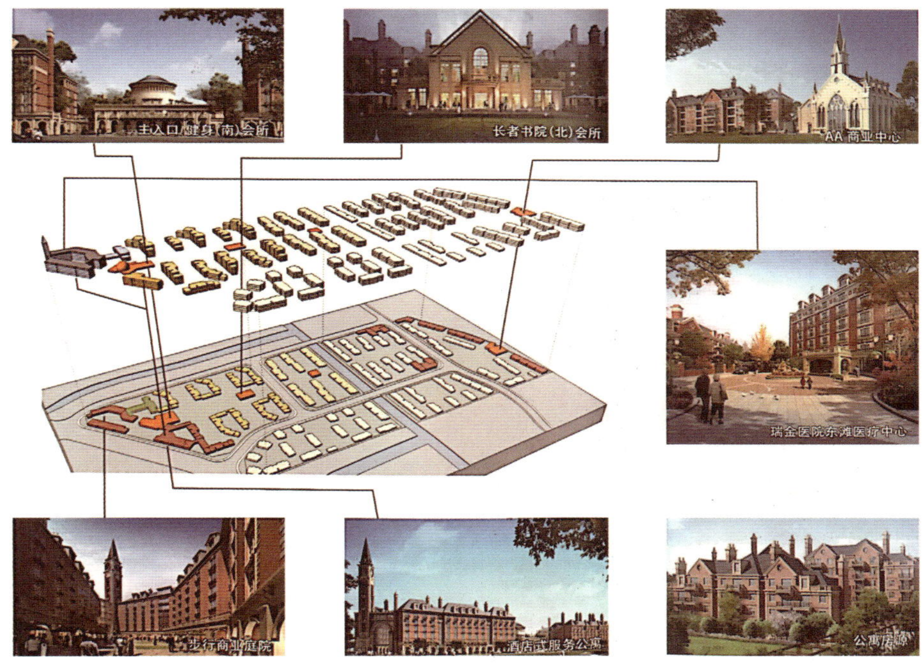

附图 1-13　公共配套设施解析（资料来源：现场考察搜集资料）

上实瑞慈花园长者社区，包括“持续照护退休社区（CCRC）”和“活力长者（AA）社区”两个组成部分。其中 CCRC 将提供 800 多个居住单元，包括“独立生（IL）”、“辅助生活（AL）”、“失忆照护（MC）”、“医疗照护（NC）”等四部分组成，可为 1,800 余名不同身体状况的老人提供“一站式”专业化养老服务。“上实瑞慈花园”展示了一室一厅、二室一厅、酒店公寓标准间、医疗康复等四种房型。所有房型均充分考虑长者生活起居习惯，将系统化、人性化的适老细节注入建筑设计之中。

在空间格局配置上整个瑞慈花园内部，以草坪、主干道、天然河流和横向道路，大致形成一纵一横的格局。纵向上的大草坪广场及其绿色的延伸线以及作为 CCRC 部分和 AA“分界”的主干道，是小区最重要的步行动线，笔直布局；横向上以城市绿化将 CCRC 社区和 AA 组团隔开。在 CCRC 社区，南北向中轴线两侧，按照入住者对照顾和护理程度的不同，越是靠近医疗中心，将安排护理程度高的老人入住。

户外采用无障碍动线设计并配置了风雨连廊；室内，除精装修、全配家居和地暖系统外，还配置了专业适老电梯、紧急呼叫装置、“不活动”通知智能化系统、无障碍橱柜、自动加热毛巾架、安全扶手等适老化设施，让无忧养老深入到居住的每一个细节中。在细节方面，瑞慈花园作为一个涵盖 CCRC 和 AA 所有类型房源的适老社区，在房屋采光、通风、朝向、动线和空间的尺度等方面的要求远远高于普通住宅，加上整个瑞慈花园要求配建的公共建筑，面积占比大，种类跨度多。

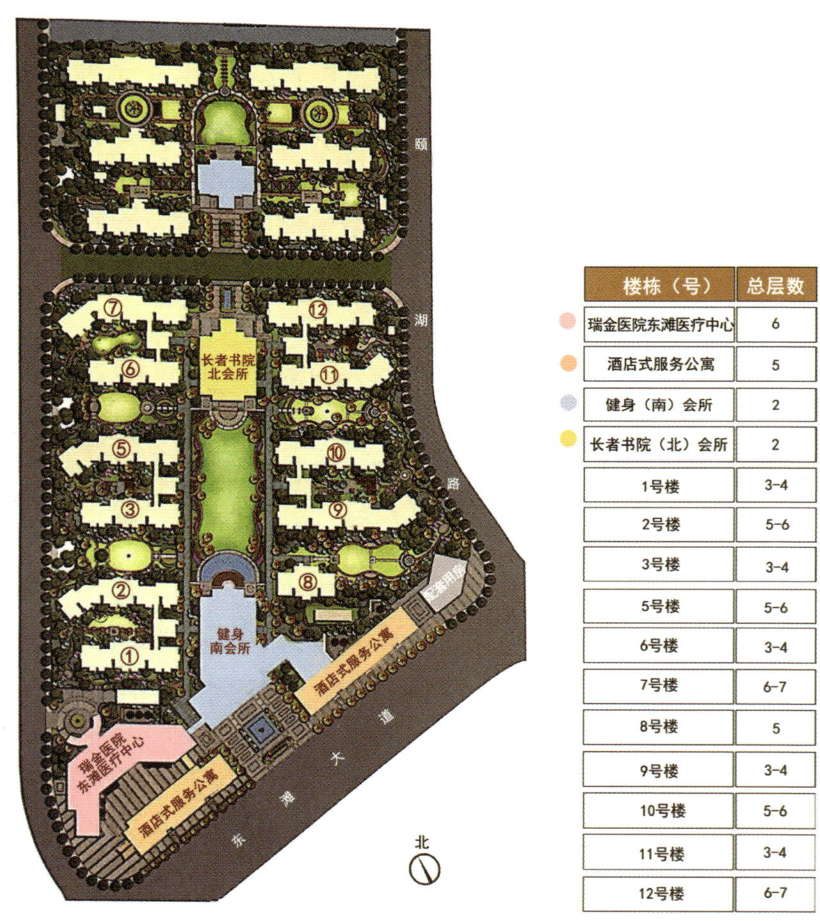

楼栋（号）	总层数
瑞金医院东滩医疗中心	6
酒店式服务公寓	5
健身（南）会所	2
长者书院（北）会所	2
1号楼	3-4
2号楼	5-6
3号楼	3-4
5号楼	5-6
6号楼	3-4
7号楼	6-7
8号楼	5
9号楼	3-4
10号楼	5-6
11号楼	3-4
12号楼	6-7

附图 1-14　上实瑞慈花园平面图（资料来源：现场考察搜集资料）

4.2　乌镇雅园

乌镇雅园位于雅达国际生态健康产业园内，产业园占地面积约 1500 亩，总建筑面积 85 万 m^2，规划为“养生养老”、“康复医疗”、“休闲度假”三大主题，是个集“颐乐学院、雅达国际康复医院、国际养老中心、养生居住区、特色商

附图 1-15　乌镇雅园功能分区图（资料来源：http：//www.crttrip.com/showinfo-79-1673-0.html）

业区和养生度假酒店”六大功能于一体的颐乐养生园区。

其中，乌镇雅园占地约 500 亩，总建筑面积 48 万平方米（不含学院），主要面向活力型和自住型养老客群，提供高端的景观环境和丰富的休闲养生配套；老年大学占地面积 150 亩，总建筑面积约 3.5 万平方米，能同时容纳 60 个班 3000 人，规划有文化教育、健康促进、休闲娱乐、社区商业、餐饮服务等功能，用于满足学院式养老需求。雅达国际康复医院占地面积 200 亩，建筑面积约 7 万 m^2，拥有 350 个床位，为酒店式高端康复医院。

雅园项目首先要面对的问题是开发模式、运营管理和设计策略定位。通过前期的问卷调查。雅园一期定位于自理型老人；雅园二期，将面对一部分介助型老人，增加居家护理的功能和医养结合的内容。居家护理是以专业养老机构为依托，对一定服务半径的居民提供专业的医疗、康复等服务，是有针对性、时段性和必要性的有偿服务，不同于一般的家政服务。而介护型老人，有望在康复医院和养老护理中心得到有偿服务。

在整体规划设计，尊重原始地貌，以白马湖为中心展开，保留改造了 200 亩湿地，颐乐学院作为项目核心，拥有最佳景观资源。根据老年人的步行尺度，采用了以颐乐学院为中心配套，组团设置服务中心的两级交流、服务空间的设置；三级连廊体系（建筑廊道、组团廊道和宅间廊道）将各住宅单元与颐乐学院进行连接，整个廊道系统无障碍设计，为长者创造了风雨无阻的通行条件，实现园区全室内漫步系统。每栋住宅楼均设置救护通道。方便救护车停靠及担架运送。

附图 1-16 颐乐学院（资料来源：http://hz.leju.com/scan/2014-04-04/14244041111.shtml）

老年公寓主要户型设有 56、72、90、128m^2 4 种，难点在于小户型与医用电梯、走廊、楼梯间大尺度、轮椅回转空间、全明通风等适老化事项之间的协调，以及与中式建筑立面之间的协调。廊道设置在建筑北侧以减少对二层住宅的影响，单边墙设计保障一层住户私密性，并在北侧形成私家庭院。公寓采用深轿厢担架电梯，楼道入户空间局部放大，方便满足轮椅旋转，楼层公共楼道设置隔层露台，为老年人提供楼层交流空间。

4.3 双井·恭和苑老年持续照料生活社区

双井·恭和苑老年持续照料生活社区，是乐成养老旗下七星老年健康生活中心的旗舰项目，2013 年被北京市政府确定为“医养结合”试点养老机构，位于北京 CBD 腹地，近长安街，交通十分便利；临通惠河，环境优美；周边配套设施齐全，打造大隐于市的现代老年生活机构。双井恭和苑，为住户提供融合吃、住、医、养、玩等服务的一体化养老设施，服务对象包含自理、半自理、不能自理、老年失智等不同需求的老人。

恭和苑占地 1.3ha，公共空间与居住空间面积比例 1∶1，建筑设计融汇国际宜老设计精华，每层均设有超大公共空间，主要包括健身房、护士站或服务站、理疗室、小剧场、电脑中心、茶室等设施，除 5000m^2 园林绿地及 1200m^2 屋顶花园外，更开辟包括一楼整层在内的约 400m^2 的休闲娱乐区域，还为便利儿孙探访，营造了时尚的小型儿童游乐场；采用独门独户居住理念，提供五种户型 269 个房间，全部采用地热采暖，卫生间有整体开放型宜老淋浴房、全智能洁具。

附图 1–17　北京恭和苑（资料来源：http://shuangjing.gongheyuan.com/sj/second/index.aspx?nodeid=112）

恭和苑医疗中心即双井第二社区卫生服务中心，是北京市首家“医养结合”试点单位，中心建筑面积 3000m^2，以基本诊疗、康复、中医保健、老年病诊治为特色，医疗中心配备先进的康复训练设备，并设置 30 个住院床位，为周边社区提供以康复、中医、老年医学为主的医疗护理服务、其中设有 300m^2 康复大厅。恭和苑采用养老产业与国际学校教育产业整体开发、综合盈利的模式，很好地弥补养老产业盈利周期长的劣势。

依据国家《老年人能力评估》标准设定护理等级，为住户提供起居、清洁、如厕、行走或移位、进餐、活动等服务，定位系统提供 24 小时紧急呼叫，楼层设服务站或护士站，护理人员 24 小时值班，根据护理等级定时巡房。并为住户建立个人健康档案，提供全科诊疗、慢病管理服务，并指导合理用药；提供医疗性护理服务，如静脉输液、压疮预防、管道护理等；院内设立 120 急救站，紧急情况可快捷驱车到周边医院。与北京市知名三甲医院建立双向转诊及远程会诊体制，增强院内医疗水平。引入协和医院老年病科资源，开展对老年病和综合症的预防性康复指导及专业指导和康复训练。恭和苑拥有“七星使者”专业顾问团队服务，服务人员有中美两国高素质系统培训。拥有不超过 1∶3 的高照护率，提供持久全方位专业医疗服务及丰富的精神生活活动安排和精神疏导。

4.4 和悦家国际颐养社区

北京和悦家国际颐养社区，是海航养老品牌的旗舰项目，也是海航养正精心打造的高端五星级养老品牌。和悦家国际颐养社区位居拥有“北京绿轴”之称的石景山区的核心区域，颐养优势得天独厚。项目西侧紧邻石景山体育场，北侧与八角游乐园隔路相望，东侧为首钢松林公园，与万达商圈仅几步之遥，为繁华中的难得静谧之所。项目距离天安门 16km，距离海淀中心区 15km，并有地铁一号线、多条公交路线通达项目。二级甲等医院北京市石景山医院、清华大学玉泉医院和三级综合医院北京大学首钢医院等环绕周边。

北京和悦家总建筑面积 40000m^2，公共设施及配套 10000m^2，拥有北京人均最高绿化率，完善的生活医疗配套，颐养客房 302 间，床位 403 张，面向城市中高端老龄客群，提供自理、介助、介护、康复在内的全套专业养老服务。公共设施及配套设计了包含多功能厅、演艺厅、舞蹈室、视听室等娱乐空间，课程室、书画室、手工坊等学习空间，台球厅、乒乓球厅、棋牌室等活动空间，还有精品餐厅、自助餐厅、雅致包间等餐饮空间，中庭花园、阅览室、咖啡厅等社交空间。

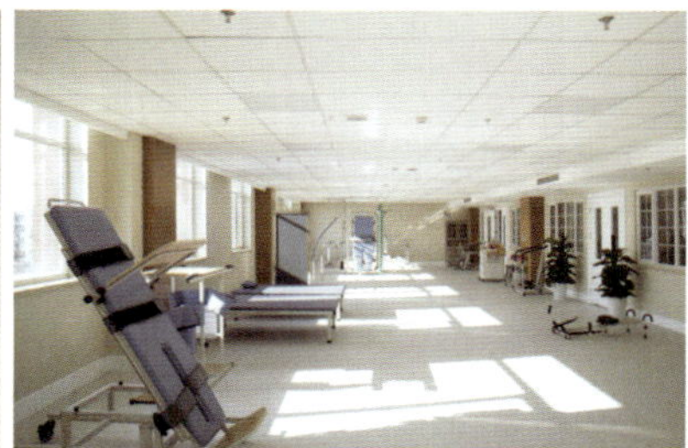

附图 1–18　北京和悦家国际颐养社区（资料来源：http：//www.hnayanglao.com/service.php）

北京和悦家国际颐养社区是酒店改造项目，以舒适“五觉”感受和美好居住体验为出发点，进行其适老化改造为既有项目适老化改造，打造最具代表性、最具成长性的高品质颐养居住环境提供了范本。项目注重居住环境每个细节的配置，如建筑色彩、灯光亮度、家具选择、花园绿植等。项目注重医养结合的方式，机构内设医疗康复中心、护士站等医疗设施，引进中医院入驻机构，与多家三甲医院建立绿色急救通道，配备齐全的康复设备。

4.5 小结

在几个国内养老项目案例中，上海瑞慈花园长者社区、乌镇雅园是比较典型的老年社区，二者在空间模式组织等方面也比较类似；以为老服务配套设施为核心进行老年居住组团的布局，以室外风雨连廊为纽带来组织老年活动出行，连接各个功能设施；在分期建设方面注重考虑健康老人和介护老人的动态比例；近郊区老年社区本身自带有相对完善的城市医疗资源。

双井·恭和苑老年持续照料生活社区、北京和悦家国际颐养社区是“医养结合”较为成功的成功案例，把生活照料和康复关怀融为一体。机构或者和定点医院进行合作，利用医院的康复训练设备，并在医院设置专门的住院床位，或者引入医院老年病科资源，开展对老年病和综合症的预防性康复指导及专业指导和康复训练，或者在养老机构内部配建医疗康复中心，并设有护士站、120 急救站点等医疗急救设施。

附录二

现行养老标准摘选

从 1999 年到 2013 年，我国涉老方面的标准已实施的共计 7 项，包括:《老年人居住建筑设计规范（GB/T 50340—2003）》、《养老设施建筑设计规范（GB 50867—2013）》、《城镇老年人设施规划规范（GB 50437—2007）》、《老年养护院建设标准（建标 144—2010）》、民政部《社区老年人日间照料中心建设标准》、《老年人社会福利机构基本规范（MZ008—2001）》、《老年人建筑设计规范（JGJ 122—99）》等。

2013 年 10 月 18 日发布的《老龄宜居社区（基地）标准》是在全国老龄办和国家标准委的指导下，由中国老龄产业协会和中国标准化研究院按照相关法律程序，由宜居养生委员会、宜居养生产业联盟和质量管理分院承担具体编制工作，以国家十二五养老规划为指导，针对新建、改建、扩建的高端老龄宜居社区的建设和服务进行编写，完成了标准征求意见稿的编写工作，涉及养老社区建设、护理服务、运营管理、信息化建设等多方面内容。

此外，2016 年 10 月 ~ 2018 年 10 月期间，中国工程建设标准化协会正在组织《老年友好城市评价标准》、《既有建筑适老化改造技术规程》、《适老化改造部品应用技术规程》、《老年宜居社区评价标准》、《社区养老服务驿站建设技术规程》、《适老防滑抗菌地砖》等六项标准的编制。

我国涉老规范、标准数量在增长，但涉老工程建设标准存在标准层级定位不清，概念模糊不清、各标准之间重复、交叉，甚至是强制性标准与强制性条文之间冲突等问题，影响了使用者对相关标准的正确理解和准确执行。需要构建科学、实用、系统、全面、可扩展的规划与建筑相关标准体系，并通过扩大编制范围，统筹整理归纳原有涉老规范，突出以实施完善的工程项目为依托、以国际规范为参考，实现老年宜居城镇规划与建筑标准的全覆盖研究，逐步建立完善的社会化养老标准体系。为形成具有中国特色的老年宜居工程建设标准奠定基础。

2016 年第二批工程建设协会标准制订项目计划（资料来源：参考文献 31）　　附表 2-1

序号	项目名称	制、修订	适用范围和主要内容包括	起止年限
1	老年友好城市评价标准	制订	适用于城市（城区）的规划设计、新城开发和城市更新的适老性评价。主要内容包括:总则、术语、基本规定、城市规划、公共服务与设施、公共交通和出行、养老服务设施、住房与社区适老建设、社会参与和优待、信息化与智能化	2016 年 10 月 ~ 2018 年 10 月
2	既有建筑适老化改造技术规程	制订	适用于既有建筑适老化改造的规划、设计、施工及验收。主要内容包括：总则、术语和符号、基本规定、建筑设计、结构设计、室内设计、设备设施、施工及验收	2016 年 10 月 ~ 2018 年 10 月

续表

序号	项目名称	制、修订	适用范围和主要内容包括	起止年限
3	适老化改造部品应用技术规程	制订	适用于养老服务设施新建及改建项目，既有建筑改造、家庭适老化改造项目中部品的设计、施工和验收。主要内容包括：总则、术语和符号、应用技术规则、施工和验收	2016年10月~2018年10月
4	老年宜居社区评价标准	制订	适用于新建、改建和扩建城镇社区的适老性评价。主要内容包括：总则、术语、基本规定、室外环境、公共空间、套内空间、信息化与智能化、适老化设备与部品	2016年10月~2018年10月
5	社区养老服务驿站建设技术规程	制订	适用于我国新建社区养老服务驿站的建设。主要内容包括：总则、术语和符号、基本规定、外部环境、建筑、结构、室内环境、设备、信息与智能化系统、运营及管理、附录	2016年10月~2018年10月
6	适老防滑抗菌地砖	制订	适用于适老防滑抗菌地砖的制备和应用。主要内容包括：术语和定义、分类和标记、性能要求、试验方法、检验规则、标志、包装、运输及贮存	2016年10月~2017年12月

我国现行养老标准内容摘选（资料来源：根据我国现行养老标准整理） **附表 2-2**

发布时间	实施时间	规范名称	主编单位	参编单位	批准部门	规范类型	归口单位	批准文件号	适用范围	强制性条文
1999.05.14	1999.10.01	老年人建筑设计规范（JGJ 122—99）	哈尔滨建筑大学	青岛建筑工程学院、大连理工大学、新艺华室内设计公司、吉林建筑工程学院、建设部居住建筑与设备研究所、中国城市规划设计研究院	建设部、民政部	行业标准	中国建筑技术研究院建筑标准设计研究所	建标［1999］131号	城镇新建、扩建和改建的专供老年人使用的居住建筑及公共建筑设计	强制性行业标准
2001.02.06	——	老年人社会福利机构基本规范（MZ008—2001）	民政部社会福利和社会事务司	北京市民政局		行业标准	本规范由民政部人事教育司归口管理，授权主要起草单位负责解释		本规范适用于各类、各种所有制形式的为老年人提供养护、康复、托管等服务的社会福利服务机构	
2003.05.28	2003.09.01	老年人居住建筑设计标准（GB/T 50340—2003）	中国建筑设计研究院、民政部社会福利和社会事务司	中国老龄科学研究中心、北京市建筑设计研究院、中国老龄协会调研部、上海市老龄科学研究中心、上海市老年用房研究会、上海市工程建设标准化办公室、同济大学建筑与城市规划学院、青岛建筑工程学院建筑系、河南省建筑设计研究院	建设部	国家标准	中国建筑设计研究院	建设部第149号	专为老年人设计供其起居生活使用的居住建筑，包括老年人住宅、老年人公寓、养老院、护理院、托老所	
2007.10.25	2008.06.01	城镇老年人设施规划规范（GB 50437—2007）	南京市规划设计研究院	大连市规划设计研究院、江苏省民政厅	建设部	行业标准	建设部	建设部第746号	城镇老年人设施的新建、扩建或改建的规划	第3.2.2、3.2.3、5.3.1

续表

发布时间	实施时间	规范名称	主编单位	参编单位	批准部门	规范类型	归口单位	批准文件号	适用范围	强制性条文
2010.11.17	2011.03.01	老年养护院建设标准（建标 144–2010）	民政部规划财务司、全国老龄委、民政部社会福利和慈善事业促进司、中国老龄科学研究中心	——	建设部、发改委	行业标准	由住房和城乡建设部和国家发改委管理、具体解释工作由全国老龄工作委员会负责	建标［2010］194 号	适用于老年养护院的新建、扩建和改建工程	——
2010.11	2011.03.01	社区老年人日间照料中心建设标准（建标 143–2010）	民政部	民政部组织有关单位共同编制	住房和城乡建设部、发改委	行业标准	民政部		适用于社区老年人日间照料中心的新建工程项目，改建和扩建工程项目	——
2013.09.06	2014.05.01	养老设施建筑设计规范（GB 50867—2013）	哈尔滨工业大学	上海市建筑建材业市场管理总站、上海现代建筑设计集团有限公司、上海建筑设计研究院有限公司、河北建筑设计研究院有限责任公司、中南建筑设计院股份有限公司、华通设计顾问工程有限公司、中国建筑西北设计研究院有限公司、华侨大学、全国老龄工作委员会办公室、苏州科技学院设计研究院有限公司、北京来博颐康投资管理有限公司	住房和城乡建设部	国家标准	由住房和城乡建设部负责管理和对强制性条文的解释，由哈尔滨工业大学负责具体技术内容的解释	住房和城乡建设部第 142 号文	适用于新建、改建和扩建的老年养护院、养老院和老年日间照料中心等养老设施建筑设计	第 3.0.7、5.2.1

附录三

现行政策文件摘选

随着人口结构和家庭结构的变化，我国养老需求发生了巨大变化，所需服务数量剧增，服务内容也更加多样化。应对这种形势，政府部门加快了养老政策的制定和出台，养老政策涵盖的内容也逐步丰富。

财政支持逐步加强。2010 ~ 2013 年，全国公共财政支出决算“老龄事业”费用分别达到 16.7 亿元、26.6 亿元、53.3 亿元，年均增长率近 50%。财政资金用于公营和民营养老机构的同时，鼓励社会资本的进入，不断增加民间资本进入养老服务领域的财政支持。财政资金支持养老基础设施规划建设，并逐步增加养老服务补贴力度，各地方政府也相应出台了对养老机构按床位给予运营补贴的相应规定。

税费优惠范围扩大。近年来，国家逐步取消了对福利性、非营利性的老年服务机构的企业所得税，同时免征老年服务机构自用房产、土地城镇土地使用税；对企事业单位、社会团体、个人等按规定向福利性、非营利性的老年服务机构的捐赠，在缴纳企业所得税和个人所得税前全额扣除；免征养老服务的营

财政支持政策及内容（资料来源：参考文献 5） 附表 3-1

1	《关于加快实现社会福利社会化的意见》	2000 年 2 月	国务院办公厅	各级政府逐年增加对社会福利事业的投入，重点用于公立养老机构，一部分资金用于社会力量兴办的养老机构
2	《中共中央国务院关于加强老龄事业的决定》	2000 年 8 月	中共中央、国务院	将老年福利事业经费纳入财政预算；在国家发行的彩票收益中有一定比例用于老龄事业
3	《关于加快发展养老服务的意见》	2006 年 2 月	国务院办公厅	地方各级人民政府建立健全老年福利服务体系，提供无偿或低收费服务；积极支持以公建民营、民办公助、政府补贴、购买服务等多种方式兴办养老服务业
4	《中国老龄事业“十一五”规划》	2006 年 8 月	国务院	各级财政要逐步增加对老年服务设施建设等方面的投入；积极引导民营资本和国外资金投入老龄事业，形成多元化的老龄事业投入机制
5	《关于全面推进居家养老服务工作的意见》	2008 年 2 月	全国老龄办、发改委等	加大政府投入力度，鼓励和支持社会力量参与、兴办居家养老服务业；有条件的地区可针对性地设立专项资金
6	《关于鼓励和引导民间资本进入养老服务领域的实施意见》	2012 年 7 月	民政部	不断增加对民间资本进入养老服务领域的财政支出：各级民政部门福利彩票公益金每年留存部分按不低于 50% 的比例用于社会养老服务体系建设，加大彩票公益金对民间资本的扶持力度
7	《中华人民共和国老年人权益保障法》	2013 年 7 月	全国人大	将老龄事业经费列入财政预算；对经济困难的老年人，地方各级人民政府逐步给予养老服务补贴
8	《国务院关于加快发展养老服务业的若干意见》	2013 年 9 月	国务院	建立健全经济困难的高龄、失能等老年人补贴制度。通过购买服务等方式，支持社会力量举办养老服务机构；要将 50% 以上的各级民政部门福利彩票公益金用于支持发展养老服务业，并随老年人口的增加逐步提高投入比例
9	《关于加强老年人家庭及居住区公共设施无障碍改造工作的通知》	2014 年 7 月	住建部、民政部等	县级以上地方人民政府适当补助贫困老年人家庭所进行的无障碍设施改造；居住区公共设施无障碍改造资金应列入地方政府财政预算
10	《关于做好政府购买养老服务工作的通知》	2014 年 8 月	财政部、发改委	明确政府购买服务主体；与满足老年人基本养老服务需求相结合，优先保障经济困难的孤寡、失能、高龄等老年人的服务需求；制定政府购买养老服务的项目范围；资金从现有养老支出预算安排

业税，不断加大对养老服务结构的财政补贴。

税收支持政策及内容（资料来源：参考文献5）　　附表3-2

1	《关于对老年服务机构有关税收政策问题的通知》	2000年11月	财政部、国家税务总局	对福利性、非营利性的老年服务机构，暂免征收企业所得税，以及自用房产、土地、车船的房产税、城镇土地使用税、车船使用税；对企事业单位、社会团体、个人等按规定向福利性、非营利性的老年服务机构的捐赠，在缴纳企业所得税和个人所得税前全额扣除
2	《关于全面推进居家养老服务工作的意见》	2008年2月	全国老龄办、发展改革委等	对养老院类的养老服务机构提供的养老服务免征营业税，对各类非营利性养老服务机构免征自用房产、土地的房产税、城镇土地使用税等
3	《中华人民共和国营业税暂行条例》	2008年11月	国务院	养老院等福利机构提供的养护服务免征营业税
4	《关于非营利组织企业所得税免税收入问题的通知》	2009年11月	财政部、国家税务总局	非营利组织免征企业所得税的范围：接受其他单位或个人捐赠的收入；政府补助收入，但不包括因政府购买服务取得的收入；按照省级以上民政、财政部门规定收取的会费；不征税收入和免税收入孳生的银行存款利息收入；财政部、国家税务总局规定的其他收入
5	《关于鼓励和引导民间资本进入养老服务领域的实施意见》	2012年7月	民政部	对民间资本举办的养老机构或服务设施提供的养护服务免征营业税；对非营利性养老机构或服务设施自用房产、土地免征房产税、城镇土地使用税、电、水、气、热与居民家庭同价。
6	《国务院关于加快发展养老服务业的若干意见》	2013年9月	国务院	对符合条件的非营利性养老机构按规定免征企业所得税；对非营利性养老机构建设免征有关行政事业性收费，对营利性养老机构建设要减半征收有关行政事业性收费，对养老机构提供养老服务也要适当减免行政事业性收费
7	《关于减免养老和医疗机构行政事业性收费有关问题的通知》	2014年11月	财政部、发展改革委	对非营利性养老和医疗机构建设全额免征行政事业性收费，对营利性养老和医疗机构建设减半收取行政事业性收费
8	《关于鼓励外国投资者在华设立营利性养老机构从事养老服务的公告》	2014年11月	商务部、民政部	鼓励外国投资者在华独立或与中国公司、企业和其他经济组织合资、合作举办营利性养老机构，外商投资营利性养老机构与国内资本投资举办的营利性养老机构享有同等的税收等优惠政策和行政事业性收费减免政策

养老用地供应加大。统筹安排养老用地，并逐步将用地指标纳入管理规划，2013年《国务院关于加快发展养老服务业的若干意见》提出，对各类养老服务设施建设用地纳入城镇土地利用总体规划和年度用地计划，对营利性养老机构建设用地，优先保障供应。确立有差别的优惠供地政策，并不断降低有偿用地成本。对非营利养老服务设施用地划拨供给，明确营利性养老机构建设用地

为有偿用地。

用地支持政策及内容（资料来源：参考文献 5）　　附表 3-3

1	《关于加快实现社会福利社会化的意见》	2000 年 2 月	国务院办公厅	社会福利机构的建设用地，按照法律、法规规定应当采用划拨方式供地的，要划拨供地；按照法律、法规规定应当采用有偿方式供地的，在地价上要适当给予优惠；属出让土地的，土地出让金收取标准应适当降低
2	《中共中央国务院关于加强老龄事业的决定》	2000 年 8 月	中共中央、国务院	地方政府本地区土地利用年度计划实施方案应该统筹安排社区老年服务设施建设用地；对新建老年服务设施的市政基础设施配套建设费酌情给予减免，降低征地和拆迁补偿费
3	《关于鼓励和引导民间资本进入养老服务领域的实施意见》	2012 年 7 月	民政部	对民间资本举办的养老机构或服务设施纳入土地利用规划和年度土地利用计划，符合条件的，按照土地划拨目录依法划拨
4	《中华人民共和国老年人权益保障法》	2013 年 7 月	全国人民代表大会	非营利性养老服务设施用地，可以依法使用国有划拨土地或者农民集体所有土地；农村可以将未承包的集体所有的部分土地、山林、水面、滩涂等作为养老基地，收益供老年人养老
5	《国务院关于加快发展养老服务业的若干意见》	2013 年 9 月	国务院	可将闲置的公益性用地调整为养老服务用地；民间资本举办的非营利性养老机构可以依法使用国有划拨土地或者农民集体所有土地；对营利性养老机构建设用地，优先保障供应，并制定支持发展养老服务业的土地政策
6	《关于加强养老服务设施规划建设工作的通知》	2014 年 1 月	住房和城乡建设部、民政部等	结合老年人口规模、养老服务需求，明确养老服务设施建设规划，并严格执行养老服务设施建设标准，强化养老服务设施规划审查和建设监管
7	《养老服务设施用地指导意见》	2014 年 4 月	国土资源部	用地供应纳入国有建设用地供应计划；非营利性养老机构，划拨方式供地，营利性养老服务设施用地，有偿方式供应；细化养老服务设施供地政策，鼓励租赁供应养老服务设施用地，加强养老服务设施用地监管
8	《关于支持整合改造闲置社会资源发展养老服务的通知》	2016 年 10 月	民政部、发改委等	工作目标是充分挖掘闲置社会资源，引导社会力量参与，将各类闲置社会资源经过一定的程序，整合改造成养老机构、社区居家养老设施用房等养老服务设施，增加服务供给，满足社会日益增长的养老服务需求

金融创新步伐加快。鼓励金融机构加大信贷投入、增加信贷投入、放宽贷款条件、扩大抵押担保范围，加大对民间资本进入养老服务领域的金融支持。增强养老机构的融资能力，鼓励和支持保险资金投资养老服务领域，拓宽养老事业的融资来源。

金融支持政策及内容（资料来源：参考文献5） 附表3-4

1	《中共中央国务院关于加强老龄事业的决定》	2000年8月	中共中央、国务院	金融机构按照信贷通则加大贷款支持力度
2	《社会养老服务体系建设规划（2011～2015年）》	2011年12月	国务院	鼓励有条件或新建的公办养老机构实行公建民营。负责运营的机构应坚持公益性质，通过服务收费、慈善捐赠、政府补贴等多种渠道筹集运营费用，确保自身的发展
3	关于贯彻落实《支持社会养老服务体系建设规划合作协议》共同推进社会养老服务体系建设的意见	2012年11月	民政部、国家开发银行	推动养老服务投融资平台建设，开展中长期贷款，提供综合金融服务，对社会养老服务体系建设提供全面优惠的信贷政策支持和综合金融服务；加强资金监管。完善开发性金融支持社会养老服务体系建设的保障措施
4	《关于鼓励和引导民间资本进入养老服务领域的实施意见》	2012年7月	民政部	通过创新信贷品种、增加信贷投入、放宽贷款条件、扩大抵押担保范围等方式，加大民间资本进入养老服务领域的金融支持
5	《国务院关于加快发展养老服务业的若干意见》	2013年9月	国务院	金融机构要加大对养老服务业的有效信贷投入；加强养老服务机构信用体系建设，增强对信贷资金和民间资本的吸引力。鼓励和支持保险资金投资养老服务领域。开展老年人住房反向抵押养老保险试点。鼓励养老机构投保责任保险，保险公司承保责任保险
6	《关于推进养老机构责任保险工作的指导意见》	2014年6月	民政部、中国保监会、全国老龄办	鼓励和引导养老机构自愿参加责任保险；养老机构运营补贴的一定比例用于支付保险费用
7	《关于开展老年人住房反向抵押养老保险试点的指导意见》	2014年6月	中国保监会	在北京、上海、广州、武汉4个城市开展为期2年的老年人住房反向抵押养老保险试点；拥有房屋完全产权的老人，将其房产抵押给保险公司，按照约定领取养老金直至身故；老年人身故后，保险公司获得抵押房产处置权
8	《关于加快推进健康与养老服务工程建设的通知》	2014年9月	发改委、民政部等	通过扩大银行贷款抵押担保范围、上市、发行债券、融资租赁等方式，加大金融支持力度。政府引导、推动设立由金融和产业资本共同筹资的健康产业投资基金
9	《关于鼓励外国投资者在华设立营利性养老机构从事养老服务的公告》	2014年11月	商务部、民政部	为推动我国养老服务业健康发展，推进社会服务业对外开放，鼓励外国投资者在华独立或与中国公司、企业和其他经济组织合资、合作举办营利性养老机构
10	《关于鼓励民间资本参与养老服务业发展的实施意见》	2015年2月	财政部、民政部、教育部等	鼓励民间资本参与居家、社区养老和机构养老服务以及其他养老产业发展；推进医养融合发展；完善投融资政策，加大对养老服务业发展的财政资金投入
11	《关于开发性金融支持社会养老服务体系建设的实施意见》	2015年4月	民政部、国家开发银行	运用开发性金融的理论和方法，充分依托民政部门的组织协调优势，推动形成"政府引导、金融支持、社会参与、市场运作"的社会养老服务发展体制机制，发挥开发性金融的资金引领作用，吸引民间资本投入；以及完善其他风险缓释措施等
12	《关于金融支持养老服务业加快发展的指导意见》	2016年3月	中国人民银行、民政部、银监会等	探索建立养老金融事业部制，组建多种形式的金融服务专营机构；完善养老服务业信贷管理机制，创新养老服务业贷款方式，推动符合条件的养老服务企业上市融资

养老设施和服务规划作用加强。充分发挥规划引领作用，切实推进健康与养老服务项目布局落地，各城市在编制各类规划时，要统筹规划各类公共服务设施，把医疗、养老、体育建设设施作为重点内容科学布局。

规划支持政策及内容（资料来源：参考文献5） 附表3-5

序号	政策名称	时间	发布部门	内容
1	《养老机构管理办法》	2013年6月	民政部	适用范围、管理职责、养老机构和老年人基本要求、养老机构建设规划、政府重点保障和扶持政策、表彰奖励
2	《关于建立养老服务协作与对口支援机制的意见》	2013年12月	民政部	结合实际地在城乡之间、养老机构之间、跨地区之间建立养老服务协作与对口支援机制，开展人员培训，加强养老机构间的互助合作
3	《关于开展养老服务业综合改革试点工作的通知》	2013年12月	民政部、发改委	开展养老服务业综合改革试点，促进试点地区率先建成功能完善、规模适度、覆盖城乡的养老服务体系，为全国养老服务业发展提供示范经验
4	《关于开展国家智能养老物联网应用示范工程的通知》	2014年6月	民政部	建设养老机构智能养老物联网感知体系，为养老机构配置环境监控设备、老人健康护理设备、老人日常生活服务设备等，完成养老机构物联网感知体系建设
5	《关于组织开展面向养老机构的远程医疗政策试点工作的通知》	2014年6月	发改委、民政部、卫生计生委	完善各类政策，建立面向养老机构远程医疗发展的长效机制，提高养老机构健康管理服务水平，探索养老机构与医疗机构的合作机制，推动医养融合发展
6	《关于加快推进健康与养老服务工程建设的通知》	2014年9月	发改委、民政部等	加强健康服务体系、养老服务体系和体育健身设施建设，大幅提升医疗服务能力，形成规模适度的养老服务体系和体育健身设施服务体系
7	《关于开展养老服务和社区服务信息惠民工程试点工作的通知》	2014年10月	民政部、发改委等	试点目标是推进互联网、物联网等信息技术在养老服务和社区服务领域的广泛应用；推进医疗卫生服务与机构养老服务融合发展，推动形成新型社区管理和服务模式
8	《商务部关于推动养老服务产业发展的指导意见》	2014年11月	商务部	鼓励扶持民办养老服务机构发展，全面推进养老机构向社会延伸服务，形成理疗、美食、休闲、娱乐、健身等各具特色的集中养老服务模式；推进医养结合，构建居家养老与医疗相互融合的服务模式
9	《关于鼓励民间资本参与养老服务业发展的实施意见》	2015年2月	财政部、民政部、教育部等	鼓励民间资本参与居家、社区养老和机构养老服务以及其他养老产业发展；推进医养融合发展，支持养老机构内设医疗机构或与医疗卫生机构签订协议
10	《关于进一步做好养老服务业发展有关工作的通知》	2015年4月	发改委、民政部、全国老龄办	推进养老服务业综合改革试点，形成一批可持续、可复制的示范经验，适时在全国范围宣传推广
11	《关于推进医疗卫生与养老服务相结合指导意见的通知》	2015年11月	国务院、民政部等	建立健全医疗卫生机构与养老机构合作机制；支持养老机构开展医疗服务，提高医疗卫生机构上门服务的能力；支持社会力量举办医养结合机构
12	《关于做好医养结合服务机构许可工作的通知》	2016年4月	民政部、卫生计生委	支持医疗机构设立养老机构，支持养老机构设立医疗机构；相关医疗机构内设养老机构符合条件的，享受养老机构相关建设补贴、运营补贴和其他政策扶持
13	《关于促进和规范健康医疗大数据应用发展的指导意见》	2016年6月	国务院	推动健康医疗大数据资源共享，鼓励社会力量创新发展健康医疗业务，促进健康医疗业务与大数据技术深度融合，加快构建健康医疗大数据产业链，不断推进健康医疗与养生、养老、家政等服务业协同发展
14	《“健康中国2030”规划纲要》	2016年10月	中共中央、国务院	完善医疗卫生服务体系，提供优质高效的医疗服务；推进老年医疗卫生服务体系建设，推进中医药与养老融合发展，推动医养结合，为老年人提供健康的养老服务
15	《关于推进老年宜居环境建设的指导意见》	2016年10月	全国老龄办、发改委、财政部等	建设适老居住、出行、就医、养老等的物质环境和包容、支持老年人融入社会的文化环境；推进老年人住宅适老化改造，支持适老住宅建设，强化无障碍通行，优化老年人就医环境，提升老年健康服务科技水平

图 目

表 目

参考文献

[1] 中共中央国务院 . 国家新型城镇化规划（2014–2020 年）[R].2014.

[2] 任彬彬，白淑军，李建华 . 新型城镇化思维下大城市周边小城镇的发展特点与对策研究——以石家庄为例 [J]. 小城镇建设，2015（4）.

[3] 中国产业信息网 .2016 年中国人口老龄化现状分析及发展趋势预测 [DB/OL]. http：//www.chyxx.com/industry/201603/395552.html，2016–03–16.

[4] 中国新闻网 . 中国逐渐进入老龄化社会到 2035 年老年人口将达 4 亿 [DB/OL].http：//news.sohu.com/20160122/n435468173.shtml，2016–01–22.

[5] 中国投资协会 . 老年宜居城镇投资与发展研究 [R].2015，53–57.

[6] 联合国经济和社会事务部人口司 . 联合国人口展望 [R].2013.

[7] 朱海龙，欧阳盼 . 中国人养老观念的转变与思考 [N]. 湖南师范大学社会科学学报，2015（7）.

[8] 朱茜 . 养老观念变化给养老公寓带来万亿市场容量 [DB/OL]. http：//www.qianzhan.com/analyst/detail/220/140808–a30e39c7.html，2014–08–08（10）：63–68.

[9] 符敏 . 国外养老模式研究 [J]. 魅力中国，2013，（19）.

[10] 国外都有哪些养老模式 [DB/OL]. http：//news.xinhuanet.com/world/2010–03/18/content_13193318.htm.

[11] 王伟进 . 互助养老的模式类型与现实困境 [J]. 行政管理改革，2015.

[12] 张晶石，王佳 . 适用于自助互助养老的智能老年公寓建设探析 [J]. 河北建筑工程学院学报，2015，33（4）：46–49.

[13] 孟聪龄，陈晨 . 单元型互助老年公寓的建构 [J]. 太原理工大学学报，2014，45（6）：780–784.

[14] 乔琦，蔡永洁 . 非血缘关系的多代居——德国新型社会互助养老模式案例及启示 [J]. 建筑学报，2014（2）：17–21.

[15] 吴洪彪 . 瑞士、美国、加拿大养老服务业考察报告 [N]. 中国社会报，2012.

[16] 万江，余涵，吴茵 . 国外养老模式比较研究——以美国、丹麦、日本为例 [J]. 南方建筑，2013（2）：77–81.

[17] 陈小卉，邵玉宁 . 发达地区养老服务设施规划的探索——以昆山为例 [J]. 现代城市研究，2012（8）：13-20.

[18] 薛忠燕，李涛 . 北京市养老服务设施规划策略与实施机制初探 [J]. 中国城市规划年会，2013.

[19] 文强 . 天津市机构养老设施总体布局研究 [J]. 中国城市规划年会，2014.

[20] 李保奇 . 供需平衡视角下的城市郊区养老设施规划研究 [J]. 中国城市规划年会，2014.

[21] 胡仁禄 . 美国老年社区规划及启示 [J]. 城市规划，1995（3）：39-42.

[22] 何立羽 . 中美养老社区规划对比研究 [D]. 北京建筑工程学院，2012.03.

[23] 全心 . 美国养老社区及老年公寓设计新趋势 [J]. 建筑学报，2013.

[24] 包志禹 . 学院式养老社区实践——乌镇雅园设计 [J]. 建筑学报，2015，13-17.

[25] 杨鸽 . 综合养老社区居住建筑群体空间规划设计初探 [D]. 西安建筑科技大学，2014.06：7-11.

[26] 胡仁禄，马光 . 老年居住环境设计 [M]. 南京：东南大学出版社，1995.

[27] 王江萍 . 老年人居住外环境规划与设计 [M]. 北京：中国电力出版社，2009.

[28] 周燕珉 . 老年住宅 [M]. 北京：中国建筑工业出版社，2011.

[29] 周燕珉 . 老人·家 [M]. 北京：中国建筑工业出版社，2012.

[30] 戈丽娜 .《老龄宜居社区（基地）标准》正式发布 [DB/OL]. http：//www.cncaprc.gov.cn/contents/2/3549.html.

[31] 中国工程建设标准化协会 . 关于印发《2016 年第二批工程建设协会标准制订、修订计划》的通知 .[EB/OL]. http：//www.cecs.org.cn/xhbz/zxdjh/8958.html.

[32] KDA.Die 5.Generation：KDA-Quartiershäuser[S].2013，18-22.

[33] 沙朝勇，邓德芳，常江 . 城乡一体化视野下徐州近郊型小城镇发展策略研究 [J]. 小城镇建设，2009（5）：23-28.

[34] 徐观敏，邵文鸿，徐溯源 . 大城市近郊小城镇转型发展研究——以丽水中心城市近郊腊口镇为例 [J]. 中国城市规划年会，2011.

[35] 陈友华，徐愫. 中国老年人口的健康状况、福利需求与前景 [J]. 人口学刊，2011（2）：34-39.

[36] 陆云飞 . 养老社区的选址、规划与建筑设计研究 [D]. 北京建筑大学，2014：33-34.

[37] 姜睿，苏舟 . 中国养老地产发展模式与策略研究 [J]. 现代经济探讨，2012（10）：38-42.

[38] 陶澈 . 我国城市混合老年社区规划研究 [D]. 华南理工大学，2012.

[39] 李旭，周燕珉 . 当前养老社区规划中的问题分析 [DB/OL]. http：//gz.house.163.com/11/1211/10/7L02BKI800874KVR.html，2011-12-11.

[40] 周燕珉，林婧怡 . 我国养老社区现状与规划原则探析 [J]. 城市规划，2012，36（1）.

[41] 魏维，顾宗培 . 老龄化背景下的养老社区规划 [J]. 规划师论坛，2015，11（31）：17-17.

[42] 张丹 . 老龄化社会下的慢城式养老社区研究 [J]. 山西建筑，2014，40（9）：1-2.

[43] 李乃慧，王磊，范苑 . 养老社区规划研究 [J]，建筑师，2013（5）.

[44] 万邦伟 . 老年人行为活动特征之研究 [J]. 新建筑，1994，(4).

[45] 葛岚 . 浅议中国养老社区建筑的适老化设计 [J]，江西建材，2015（15）：21-25.

[46] CALKINS M P.Design for dementia：planning environment for the elderly and the confused [J]. Owings Mills，Maryland：National Health Publishing，1988.

[47] VELTLIN R.Alzheimei's patients medical institution design [M].A design manual living for the elderly.Citic，2011.

[48] 克莱尔·库珀·马科斯 . 罗华，金荷仙，译 . 康复花园 [J]. 中国园林，2009，25（7）：1-6.

[49] 孙振宁，杨传贵，贾梅 . 美国痴呆症康复花园设计综述 [J]. 中国园林，2015，31（9）：75-79.

[50] Hoover R. Healing gardens and Alzheimer's disease[J]. American Journal of Alzheimer's Disease and Other Dementias，1995，10（2）：1-9.

[51] Marcus C C. No ordinary garden：Alzheimer's and other patients find refuge in a Michigan dementia-care facility[J]. Landscape Architecture，2005，95（3）：26-39.

[52] 应君，曹悦燕，胡子良 . 为健康而设计——伊丽莎白及诺娜·埃文斯康复花园设计及其启示 [J]. 规划师，2008，24（4）：87-90.

[53] 大卫·坎普，王玲，孙蓉蓉 . 每个人的花园——伊丽莎白和诺娜·埃文斯康复花园 [J]. 城市环境设计，2007（6）：36-41.

[54] ASLA 2006 Professional Awards. https：//www.asla.org/awards/2006/06winners/294.html[DB/OL].2006.

[55] 刘逶迤，徐康立，王云. 阿尔茨海默症患者的康复景观——赛奇伍德康复花园设计及启示 [J]. 上海交通大学学报（农业科学版），2015，33（6）：76-80.

[56] 泰德·安德鲁斯 . 色彩治疗手册 [M] . 李晓燕 译 . 西安：陕西师范大学出版社，2007.

[57] 刘博新 . 面向中国老年人的康复景观循证设计研究 [D]. 清华大学，2015：151-161.

[58] 李培元 . 基于养老地产的康复景观设计研究 [D]. 南昌大学，设计学，2015：20-41.

[59] 何凌华，魏钢 . 既有社区室外环境适老化改造的问题与对策 [J]. 规划师，2015（11）：

23–28.

[60] 肖虹 . 植物疗法在风景园林建设中的应用 [D]. 中国林业科学研究院，2012：68–72.

[61] GB 50763—2012，无障碍设计规范 [S].2012.

[62] 国务院办公厅 . 社会养老服务体系建设规划（2011–2015 年）[EB/OL]. http：//www.gov.cn/zwgk/2011–12/27/content_2030503.htm，2011–12–16.

[63] 金华宝 . 社区互助养老：解决我国城乡养老问题的理性选择 [J]. 东岳论丛，2014，35（11）：123–127.

[64] 阎青春 . 养老服务体系建设存在矛盾及解决建议 [DB/OL]. http：//news.xinhuanet.com/gongyi/yanglao/2014–09/30/c_127050586.htm，2014–09–30.

[65] 陆明，邢军，郭旭 . 适应我国养老模式的养老设施分级规划研究 [J]. 中华建筑 .2011，29（8）：192–195.

[66] 陈小卉，杨红平 . 老龄化背景下城乡规划应对研究——以江苏为例 [J]. 城市规划，2013，37（9）：17–21.

[67] 刘凌雯，沈丽君，吕晓 . “全龄化”养老社区规划布局探索 [J]. 规划广角，2016，10（32）：101–101.

[68] 李大强 . 养老社区智慧化方案浅谈 [J]. 智能建筑与城市信息 . 2013，（4）.

[69] 张永民 . 智慧城市总体方案 [J]. 中国信息界，2011（3）：12–21.